CLASSIQUES EN POCHE

Collection
dirigée
par
Hélène Monsacré

T0161704

EURIPIDE

HÉRACLÈS

Texte établi par *Léon Parmentier*

Traduction, introduction et notes par Catherine Dubois

LES BELLES LETTRES

2018

Héraclès,
texte établi et traduit par Léon Parmentier
dans Euripide, *Tragédies*, tome III,
Collection des Universités de France (C.U.F.),
toujours disponible avec apparat critique et scientifique.

*2018, Société d'édition Les Belles Lettres,
95 boulevard Raspail 75006 Paris.
www.lesbelleslettres.com*

ISBN : 978-2-251-44857-2

INTRODUCTION

par Catherine Dubois *

L'*Héraclès* d'Euripide a été peu joué : destin surprenant pour une tragédie qui met en scène le plus familier des héros grecs. Cette situation tient sans doute aux reproches (absence d'unité de ton, effets de rupture introduits dans la figure du héros ou inconséquences dans la conception du divin) que lui faisaient des spécialistes peu disposés à en accepter la singularité. Or, je pense qu'Euripide manifeste, dans cette œuvre dramatique, un très grand sens du théâtre dont la présentation qui suit, sans prétendre aborder tous les thèmes de cette pièce, voudrait donner une idée.

Nous sommes à Thèbes. Des suppliants sont près d'un autel. Parmi eux se trouve Amphitryon qui dit le prologue et reconstruit pour le public les événements qui les ont amenés, lui, Mégara et les trois enfants d'Héraclès, à se réfugier près de l'autel de Zeus jadis élevé par Héraclès en souvenir d'une victoire. Héraclès est absent : il est descendu aux Enfers pour accomplir celui de ses travaux qui doit couronner ses efforts – ramener à la lumière le chien monstrueux qui garde l'entrée des Enfers – et il n'est pas revenu. Sa famille subit les menaces d'un certain Lycos, venu d'Eubée, qui, profitant de l'absence d'Héraclès et des dissensions qui ébranlaient la cité, a tué le roi Créon, père

* Professeur agrégée de Lettres classiques, membre du Centre de Recherche philologique de l'Université de Lille-III.

de Mégara, et s'est emparé du pouvoir. Lycos, avec la prudence des usurpateurs, veut se débarrasser au plus vite des vengeurs en puissance que sont les enfants d'Héraclès ; Amphitryon et Mégara, qui les protègent, doivent eux aussi disparaître.

Premier coup de théâtre : le héros que plus personne n'espérait, revient des Enfers, sauve les siens et tue Lycos. Les vieillards du chœur chantent la joie du renversement. Mais soudain ils s'interrompent : Iris, la messagère des dieux, vient d'apparaître au-dessus du palais ; elle affirme être envoyée par Héra, l'épouse divine de Zeus qui persécute Héraclès ; Lyssa, la Rage, l'accompagne. Sous la menace de la divinité céleste mais non sans répugnance, la divinité infernale obtempère ; elle rentre dans le palais et inspire au héros une folie soudaine, bouleversante : il tue ses trois enfants et Mégara et s'apprête à tuer son père. Mais un nouveau prodige se produit : Athéna, ébranlant le palais, surgit à son tour et assomme le héros. Un messager raconte la scène et dit comment, pour lui éviter d'ajouter un parricide aux crimes déjà commis, les serviteurs ont attaché le héros aux colonnes effondrées.

Une machine théâtrale (sorte de plateau monté sur roues) amène sur la scène, entouré des cadavres, Héraclès attaché et endormi. Le réveil le confronte à son malheur. Il reconnaît les morts et veut en finir. Arrive alors Thésée. Héraclès, aux Enfers, l'a secouru, l'a aidé à revenir à la lumière ; il a entendu parler des agissements de Lycos et, par amitié, par fidélité, vient prêter main-forte ; il devine un désastre. Amphitryon le lui confirme. Devant lui, Héraclès argumente sa décision. Thésée contre-argumente. Héraclès lui répond : sans illusion mais au nom d'une certaine permanence de son être, il restera en vie ; il quittera Thèbes pour Athènes où Thésée a offert de le purifier, de lui donner demeure, biens et terres et d'assurer, après sa mort, son culte en Attique. Il suffira pour cela de débaptiser quelques-uns des temples consacrés au héros d'Athènes. Amphitryon restera à Thèbes pour enterrer les morts. Plus tard, Héraclès le fera venir à Athènes. Appuyé sur Thésée, Héraclès quitte la scène. Pauvre cortège sur lequel pleurent Amphitryon et les vieillards du chœur.

Héraclès

C'est un poète entré dans la vieillesse qui, autour de 415 avant notre ère, écrit l'*Héraclès* et interroge, à travers une histoire fictive et construite, la figure de ce héros, une des plus présentes dans l'imaginaire des Grecs du VIᵉ et du Vᵉ siècle. D'Homère à Pindare, les poètes épiques ou lyriques, avaient raconté ses exploits. À Olympie, à Athènes, à Delphes, les bas-reliefs sur les frises des temples les offraient au regard. Ils figuraient encore sur les objets usuels, les gemmes, les vases et les brassards de bouclier. Au théâtre, les drames satyriques exploitaient les qualités potentiellement comiques de cette force aux appétits immenses. Et s'il semble qu'Héraclès soit apparu moins souvent sur la scène tragique, il est néanmoins la figure centrale des *Trachiniennes* de Sophocle (environ 443 avant notre ère) et intervient dans plusieurs tragédies comme *deus ex machina* (dans le *Prométhée délivré*, perdu, d'Eschyle et le *Philoctète* de Sophocle). Dans un épisode de son *Alceste* (438 avant notre ère), Euripide lui faisait arracher l'héroïne à la mort pour la ramener parmi les vivants. Son *Héraclès* joue des multiples possibilités du personnage.

Dans cette tragédie, qui est Héraclès ? Bien sûr, le sujet, au sens où nous l'entendons aujourd'hui après des siècles d'histoire de la philosophie, n'existait pas en Grèce ; pourtant, la question de l'individualité traverse la tragédie. Quel rapport existe entre ce nom et quelque chose comme un individu ? Avant la catastrophe ? Et après elle ?

Avant, dans les huit cents premiers vers de la pièce, Amphitryon, Mégara, Lycos, le Chœur affirment, à travers leurs affrontements, leurs visions divergentes de la figure d'Héraclès. Dans le premier épisode surtout, Lycos entreprend de démontrer, à travers une relecture banalisante des travaux, qu'Héraclès ne mérite pas la réputation qui lui est faite : c'est un archer ; il utilise « la plus méprisable des armes » (vers 161). Amphitryon répond point par point dans une très longue tirade où il réhabilite Héraclès aux dépens de Lycos et démontre la supériorité de l'archer sur l'hoplite, le soldat lourdement armé (comme l'étaient, jeunes, les vieillards du chœur). Les représentations sont différentes et chacune a sa cohérence ; elles se juxtaposent et se contredisent. L'auteur dispose du matériau mythique ; il a plaisir à y puiser. Aucun point de vue ne l'emporte sur l'autre. Une fois entré en scène, le héros, tout en revendiquant sa place dans la famille, confirme et infirme chacun de ces points de vue.

Après la catastrophe, privé de toute prétention à la gloire, n'ayant plus d'espace propre où vivre, Héraclès dessine à son tour une dernière image de lui-même. Il y trouve la force d'affronter son effondrement. Fidèle à lui-même, il substituera désormais aux combats contre les monstres le combat contre sa propre mort : « Je serai fort devant ma mort » (vers 1351). Après tout, se battre contre la mort faisait aussi partie des fonctions de ce héros. Bien plus, il gardera ses armes. Au lieu de symboles de victoire, elles deviendront emblèmes des meurtres commis. Il ne sera lui-même bientôt plus que signe. Thésée, par fidélité mais aussi parce qu'il y a, pour Athènes, de la gloire à tirer de la fidélité, lui donnera, après sa mort, ses propres sanctuaires. Un nom en remplacera un autre. Un nom puis l'autre pour la même chose. Que sera désormais Héraclès ?

Amphytrion

Alors qu'Héraclès donne son nom à la tragédie, le rôle d'Amphitryon était joué par l'acteur principal ou protagoniste : Amphitryon ne cesse d'occuper la scène comme s'il voulait remplacer l'autre, le grand dieu, qui oublie de se manifester quand on a besoin de lui. Avec sa lenteur de vieillard, il est partout. C'est une mère pour les enfants du héros, un rempart pour Mégara ; pour Héraclès, cet ancien guerrier se fait conseiller : c'est par la ruse – et non la force – qu'il faut venir à bout du tyran ; après la catastrophe, sa présence attentive sermonne le chœur dont les lamentations pourraient réveiller le héros endormi qui ne sait rien de son malheur. Quand Héraclès se réveille, il l'aide, avec une très grande douceur, à comprendre l'ampleur du désastre. Après, Thésée prend amicalement le relais. Amphitryon se tait.

Mais au moment du départ des deux amis vers Athènes, il interroge : qui l'enterrera, lui, quand le temps sera venu ? Héraclès le fera. C'est un bon fils, comme lui est un bon père. Telle était déjà la relation qu'esquissait le prologue. Par cette présence, la tragédie qui se garde bien d'apporter une réponse à la question des origines du héros – est-il fils de Zeus ou d'Amphitryon ? – réfléchit sur la filiation et les relations auxquelles elle oblige.

Le chœur

Le chœur est un chœur de vieillards. C'était souvent le cas. L'organisation matérielle des concours où s'affrontaient les tragédies et la loi du genre (opposant des parties dialoguées, avec des personnages qui agissent ou argumentent leurs actions, et des parties lyriques chantées par un chœur qui, en principe, n'intervient pas directement dans l'action) amenaient les auteurs à créer des chœurs de vieillards, de servantes, de femmes, captives ou non. Mais ici, la présence de ce groupe de vieillards redouble celle d'Amphitryon avec lequel ils ont autrefois combattu.

Comme lui, ils voudraient en découdre avec Lycos et ces jeunes que le tyran a convaincus. Ils n'en ont plus la force. Dans leur main, un bâton a remplacé la lance. Quand le tyran périt sous les coups du héros, ils retrouvent leur verdeur pour célébrer Héraclès. Ils chantent et dansent un court instant, mais la catastrophe rend leur présence vaine. Dans le dernier tiers de la pièce, la voix lyrique se tait. La tension entre la forme lyrique et l'événement inouï que racontent les épisodes est résolue aux dépens de la première : deux vers et des larmes tiendront lieu de conclusion.

Inventions

Euripide utilise à son gré le matériau mythique. Après d'autres (Pindare ou les artistes à l'origine des métopes du temple de Zeus à Olympie), il fait de la fonction civilisatrice du héros un des thèmes de sa tragédie ; mais cette positivité a une face obscure et on ne connaîtra pas les raisons qui amènent le héros à accomplir ses travaux : la piété filiale – il s'agit pour Héraclès de permettre à son père, Amphitryon, exilé d'Argos, de retourner dans sa cité en trimant pour Eurysthée –, l'hostilité d'Héra ou encore, comme le dit Amphitryon dans le prologue, de manière énigmatique, parce que « c'était une obligation » (vers 21). Ces motivations nous sont livrées toutes ensemble. D'autres seraient possibles.

Les commentateurs modernes considèrent que ce qu'ils disent être la chronologie traditionnelle de la légende est bouleversée. Elle plaçait, au début de la carrière du héros, le meurtre de Mégara et de leurs enfants communs, les travaux aux services d'Eurysthée constituant, dans ce cas, un châtiment du meurtre. Quoi qu'il en soit, Euripide ne suit pas cet ordre et situe cet épisode après l'accomplissement des travaux ; ceux-ci ne sont plus réalisés en réparation d'une faute mais relèvent d'une volonté civilisatrice. Ce choix rend possible une nouveauté autre, la présence de Thésée au côté d'Héraclès, à la fin du drame et après que la catastrophe a anéanti toute sa carrière.

Dans la tradition, les deux héros se rencontraient aux Enfers d'où Héraclès devait ramener Cerbère. Seul un déplacement permettait que la première rencontre des deux héros eût lieu avant le meurtre et que, après lui, Thésée adoucît le malheur de son ami de sa présence reconnaissante. Sa fidélité se manifeste par les dons qu'il fait à Héraclès, des dons aussi nombreux que les malheurs de son ami. C'est une autre invention d'Euripide qui joue avec la proximité de ces deux grands héros de l'imaginaire athénien.

Le personnage de Lycos, étranger à la légende d'Héraclès, permet, au-delà de son rôle dans l'intrigue, d'interroger la figure et la fonction du héros. Après son retour, Héraclès le tue. Mais, comme le rapporte le messager, au moment où il offre un sacrifice pour se purifier du meurtre du tyran, la folie le saisit et le malheur s'origine ainsi dans l'action légitime.

Ces renversements, juxtapositions, déplacements, ajouts construisent une réalité théâtrale complexe qui empêche les certitudes. Sans forcément y mettre fin, la catastrophe rend les questionnements vains et inopportuns. Les spectateurs sont devant des hommes qui tentent seuls, sans *deus ex machina*, un règlement. Il est dérisoire : emmener loin, donner des terres, débaptiser des sanctuaires, enterrer des morts ; il sauve pourtant la vie ; par lui, l'amitié s'affirme ; du sens est préservé. Mais les larmes ont le dernier mot. Le malheur recouvre d'un voile de vanité tout ce qui fait la vie des hommes, et surtout leurs discours qui procurent la matière essentielle des affrontements entre les personnages de ce théâtre. Là réside la tragédie.

Théâtre

Tout se passe comme si Euripide construisait une progression dramatique, qui va de la gloire héroïque s'appuyant sur la substance des exploits – qui est reconstruite en même temps que questionnée, avant la catastrophe – à une reconnaissance rituelle dépourvue de toute substance, réduite au seul nom et par là privée de sens mais maintenue. Pour cela, il utilise des éléments formels constitutifs du genre tragique – prologue, affrontement verbal des personnages, récit de messager – ou du genre lyrique (les chants de chœur reprennent des formes rituelles existantes, chants de lamentation ou de victoire) ou encore des scènes typiques – scènes de suppliants, sacrifice d'enfants, scène de retour, scène de vengeance par la ruse, scène d'apparition divine, scène de folie – dans une forme de juxtaposition étonnamment moderne.

Dans cette pièce, tout est théâtralement dosé. Ainsi l'apparition d'Athéna au-dessus du palais, immédiatement après l'apparition-disparition des deux déesses, Iris et Lyssa, l'Olympienne et la Chtonienne, est un coup de théâtre de plus. Mais sa fonction dramaturgique est essentielle : Héraclès ne devait pas commettre un parricide et devenir un autre Oreste ! D'autant qu'Amphitryon était nécessaire pour ce long moment de l'après-catastrophe – un des plus longs de toutes les tragédies et qui donne à celle-ci sa gravité particulière. Un moment où la question du fondement des relations intra-humaines est longuement posée sur fond de désastre.

La catastrophe reste inexpliquée, ou plutôt Euripide multiplie les explications – aide apportée aux dieux par Héraclès dans leur combat contre les géants et qui lui vaudrait la jalousie des dieux ; faute ancestrale d'Amphitryon qui a tué Électryon, son beau-père, acte qui, en un rééquilibrage voulu par le destin, aurait préparé pour la génération suivante son lot de malheurs ; haine d'Héra que Zeus a trompée avec Alcmène, la mère d'Héraclès. L'irruption du malheur envoyé par Héra, qui anéantit la famille du héros, serait alors d'autant plus incompréhensible qu'Héraclès, dans cette tragédie, n'imite pas les mauvaises habitudes de son père divin et respecte, d'une façon inhabituelle chez lui, la sphère d'intervention de la divinité du mariage. Cette multiplication des tentatives d'explication les annule toutes. Reste ce surgissement brusque et imprévu de l'ordre du monde dont le spectateur fait, avec le héros, l'expérience et, avec lui, celle d'un désastre. Les dialogues ne cessent de le montrer : aucun discours jamais ne vaut.

Dans le prologue, Amphitryon et Mégara, qui ont perdu l'espoir de voir revenir Héraclès, s'opposent sur la conduite à tenir face à cette situation : Amphitryon, malgré sa vieillesse, s'accroche à la vie, tandis que Mégara pense plus juste d'abandonner l'autel et d'accepter la mort. Aucun des deux n'envisage alors l'idée que le salut pourrait venir de Zeus dont l'autel leur sert pourtant de refuge ! L'image scénique désavoue les propos des personnages, voire le fait même de tenir ces discours.

Dans la joute rhétorique du premier épisode entre Lycos et Amphitryon, le vieil homme semble sortir vainqueur. Mais Lycos a pour lui la force et ordonne immédiatement à ses gardes d'aller couper du bois pour mettre le feu à l'autel, en intimidant au passage les vieillards du chœur. Ceux-ci tentent de s'interposer en brandissant non l'arc mais, en guise de lance, leur bâton ; leur faiblesse les trahit ; cela renforce Mégara dans sa position initiale : devant l'absence d'espoir, l'honneur réclame qu'ils se résignent et acceptent de mourir. Cette fois, Amphitryon est convaincu. Mais Héraclès revient. La décision, dont il a été tant débattu, n'est plus de mise. Là encore, on perçoit les tensions entre les discours et la situation dans laquelle sont pris les personnages qui les prononcent, entre les paroles et les actes, et l'on voit qu'aucun discours jamais n'est définitif.

L'affrontement entre Iris, la messagère des dieux, et Lyssa, la Rage, divinité infernale, est, quant à lui, d'autant plus surprenant qu'elles arrivent ensemble sur la scène. Iris s'est d'abord adressée au chœur pour expliquer les raisons de leur apparition brutale et a encouragé, dans un deuxième temps, Lyssa à faire ce pourquoi elles sont venues. Mais un désaccord intervient entre elles car Lyssa, examinant le cas Héraclès, refuse de s'exécuter et ne s'y résout que sous la menace. Cette scène fait intervenir des divinités dans le cours de l'action (et non, comme c'est le plus souvent le cas, dans le prologue ou comme *deus ex machina*). Comme la scène qui ouvre le *Prométhée enchaîné* d'Eschyle, elle souligne les contradictions du monde olympien qui ne maintient l'ordre qu'en utilisant une violence qu'il a subjuguée et qui lui est strictement opposée, mais à laquelle les hommes sont soumis.

Du monde divin, il est question dans la longue scène entre Héraclès et Thésée. Cette scène a beaucoup retenu l'attention des interprètes, particulièrement de ceux qui voulaient faire d'Euripide un philosophe rationaliste se livrant à une critique des dieux et qui prélevaient, dans les paroles prononcées par Héraclès au vers 1345-1346 : « Un dieu, s'il est vraiment un dieu, n'a besoin/De rien ; récits lamentables de poètes, tout ça ! », les arguments dont ils avaient besoin.

Si ses personnages parlent des dieux, Euripide ne fait pas de théologie autrement qu'en dramaturge. L'enjeu de cet épisode est la décision d'Héraclès de se suicider, décision que Thésée veut lui voir abandonner.

Les opinions sur les dieux, empruntées aux débats de l'époque, ne sont que des arguments dans cette discussion. À Héraclès qui démontre que sa vie, du fait de l'acharnement d'Héra, est « une vie invivable », Thésée oppose qu'il faut supporter ce qui arrive, que c'est une loi à laquelle les dieux eux-mêmes sont soumis.

Cette conception du divin, d'un anthropomorphisme extrême, qui pose une analogie entre les hommes et les dieux, Héraclès ne peut l'accepter et utilise pour la réfuter l'argument théologique d'un dieu autosuffisant dans lequel on a reconnu, à juste titre, la position d'un philosophe du VIe siècle, Xénophane. Or cette thèse est infirmée par ce qu'Héraclès a vécu, et ce n'est pas au nom de cette position qu'il renonce, immédiatement après l'avoir formulée, à se suicider, mais pour ne pas encourir une accusation de lâcheté : partant de la réalité de ce qu'il a souffert à cause d'Héra, partant ainsi de son humanité et de sa faiblesse, il décide d'affronter le fait qu'il n'est plus rien, sa propre « mort ». La théologie s'efface devant l'éthique. À la fin de la même tirade, il revient d'ailleurs à sa position première, au constat de l'acharnement d'Héra : « [...] tous, nous avons péri / Frappés par un unique destin de peines : Héra » (vers 1392-1393). La tension est ici entre l'enjeu du dialogue – la vie du héros – et la discussion théologique qui a lieu ; ils sont à la fois connectés et déconnectés.

Euripide use du matériau théorique avec la même liberté qu'il le fait du matériau mythique. Seule la théâtralité lui importait, ce qui ne signifie pas qu'il ait été indifférent aux débats de son époque. Il y participait, mais à travers une forme d'art extrêmement codifiée qu'il dotait, grâce à une maîtrise et un savoir immenses, d'une capacité de questionnement plus exigeante et féconde que n'importe quelle réponse positive.

NOTE SUR LE TEXTE

Le texte retenu repose principalement sur le Laurentianus 32, 2 (L). Ce manuscrit, copié d'après un modèle du XIIe siècle, a été l'exemplaire de travail de Démétrius Triclinius, un savant byzantin du XIVe siècle, qui y a reporté ses corrections. Dans mon travail, j'ai, chaque fois que le texte des éditeurs modernes s'était écarté de L, tenté d'en maintenir la leçon. Dans bien des cas, cet *a priori* méthodologique, qui s'appuie sur la valeur du manuscrit, a permis de rendre au texte ses cohérences.

Pour ce travail d'établissement du texte grec, j'ai principalement utilisé l'*Euripides, Heracles*, édité avec une introduction et un commentaire de Godfrey W. Bond, Oxford, 1981, 2e éd. 1988, où le texte discuté est celui de J. Diggle, et l'*Euripide, Héraclès*, texte établi et traduit par L. Parmentier et H. Grégoire (= *Euripide* III), Paris, Les Belles Lettres, 1923 (5e tirage, 1976). Je donne ci-dessous le texte que j'ai retenu quand je n'ai pas suivi cette dernière édition, déjà conservatrice. Chaque fois que le sens était engagé, mon choix a été motivé dans les notes :

v. 38 κλεινὸς L : καινὸς
v. 62 θεῶν L : θείων
v. 64 οὐκ ἐν ὄλβῳ L : οὕνεκ'ὄλβου
v. 71 ὑποπτέρους L : ὑπὸ πτεροῖς
v. 77 θαυμάζω L : θαυμάζων
v. 203 ὡρμισμένους L : ὡρμισμένον
v. 215 βίαν...λίαν L : βίᾳ...βίαν
v. 366 ἔτρωσε L : ἔστρωσεν

v. 389 τάν τε L : ἄν τε

v. 389 δὲ ξενοδαίκταν L : ξεινοδαΐκταν

v. 482 δύστηνος φρενῶν L : δυστήνῳ φέρειν

v. 640 βλεφάρων L : βλεφάρῳ

v. 660 καὶ θνατοὶ ἐς P et, ut videtur, primitus L : κατθανόντες τ΄εἰς

v. 775 φρονεῖν L : φρενῶν

v. 811 ἐσορῶντι : ἐσορᾶν L

v. 831 καινὸν L : κοινὸν

v. 856 attribué à Iris L : Λυ.

v. 856 ἐμβιβάζουσ΄ L : ἐμβιβάζω σ΄

v. 931 οὐκέτ΄ αὐτὸς L : οὐκέθ΄ αὑτὸς

v. 1202 εἰς συναλγοῦντ΄ L : ὡς συναλγῶν γ΄

v. 1206 δακρύοις συναμιλλᾶται L : δακρύοισιν ἁμιλλᾶται

v. 1210 κάτασχε et ὅπως L : κατάσχεθε et ὡς

v. 1241 κατθανεῖν L : καὶ θενεῖν

v. 1304 ὀλυμπίου, Ζηνὸς et πόδα L : Ὀλύμπου, ξεστὸν et πέδον

v. 1369 βίᾳ L : βίου

EURIPIDE

HÉRACLÈS

ΤΑ ΤΟΥ ΔΡΑΜΑΤΟΣ ΠΡΟΣΩΠΑ

ΑΜΦΙΤΡΥΩΝ
ΜΕΓΑΡΑ
<ΧΟΡΟΣ>
ΛΥΚΟΣ
ΗΡΑΚΛΗΣ
ΙΡΙΣ
ΛΥΣΣΑ
ΑΓΓΕΛΟΣ
ΘΗΣΕΥΣ

PERSONNAGES

AMPHITRYON, père d'Héraclès
MÉGARA, femme d'Héraclès
LE CHŒUR, vieillards démobilisés, anciens compagnons
d'armes d'Amphitryon
LYCOS, tyran qui s'est emparé du pouvoir à Thèbes
HÉRACLÈS
IRIS, messagère d'Héra
LYSSA, la Rage
LE MESSAGER
THÉSÉE, roi d'Athènes et ami d'Héraclès

ΗΡΑΚΛΗΣ

ΑΜΦΙΤΡΥΩΝ
Τίς τὸν Διὸς σύλλεκτρον οὐκ οἶδεν βροτῶν,
Ἀργεῖον Ἀμφιτρύων', ὃν Ἀλκαῖός ποτε
ἔτιχθ' ὁ Περσέως, πατέρα τόνδ' Ἡρακλέους ;
ὃς τάσδε Θήβας ἔσχεν, ἔνθ' ὁ γηγενὴς
Σπαρτῶν στάχυς ἔβλαστεν, ὧν γένους Ἄρης   5
ἔσωσ' ἀριθμὸν ὀλίγον, οἳ Κάδμου πόλιν
τεκνοῦσι παίδων παισίν. Ἔνθεν ἐξέφυ
Κρέων Μενοικέως παῖς, ἄναξ τῆσδε χθονός.
Κρέων δὲ Μεγάρας τῆσδε γίγνεται πατήρ·
ἣν πάντες ὑμεναίοισι Καδμεῖοί ποτε   10

Prologue [1]

La scène est à Thèbes

AMPHITRYON

Qui des mortels ne connaît pas celui qui partagea son
                                 [lit avec Zeus,
Amphitryon d'Argos, qu'Alcée, fils de Persée,
Engendra jadis, le père d'Héraclès,
Qui vit ici à Thèbes où, nés de la terre,
Ont poussé les épis des Spartes, cette race dont Arès   5
Sauva une poignée qui a peuplé la ville de Cadmos
Des enfants de ses enfants ? D'eux descendit
Créon, le fils de Ménécée, roi de ce pays.
Créon fut le père de Mégara que voici.
Elle, tous les Cadméens l'acclamèrent, jadis,   10

---

1. Amphitryon rappelle la généalogie et le passé de la famille puis évoque l'absence actuelle d'Héraclès retenu dans l'Hadès (vers 1-25). Avec la mention d'« une vieille légende » (vers 26-30) qu'il a entendue et rapporte, il aborde le passé de l'histoire de Thèbes ; sur ce passé, il articule de façon très lâche (vers 31-34) la présentation de la situation politique présente à Thèbes. L'articulation des deux présents – absence d'Héraclès et prise du pouvoir par Lycos – est faite dans un troisième temps (vers 35 et suivants) ; on revient ainsi à l'image scénique, à la misère et à l'abandon des suppliants rassemblés au pied de l'autel de Zeus Sauveur. Ces allées et venues dans des lieux différents – Argos, Thèbes – et dans des moments différents du temps – passé et présent – construisent ainsi une dynamique pour la représentation de l'événement qui va se produire sur la scène alors que, pour les spectateurs, cet événement appartient au passé mythique et légendaire.

λωτῷ συνηλάλαξαν, ἡνίκ' εἰς ἐμοὺς
δόμους ὁ κλεινὸς Ἡρακλῆς νιν ἤγετο.

Λιπὼν δὲ Θήβας, οὗ κατῳκίσθην ἐγώ,
Μεγάραν τε τήνδε πενθερούς τε παῖς ἐμὸς
Ἀργεῖα τείχη καὶ Κυκλωπείαν πόλιν   15
ὠρέξατ' οἰκεῖν, ἣν ἐγὼ φεύγω κτανὼν
Ἠλεκτρύωνα· συμφορὰς δὲ τὰς ἐμὰς
ἐξευμαρίζων καὶ πάτραν οἰκεῖν θέλων,
καθόδου δίδωσι μισθὸν Εὐρυσθεῖ μέγαν,
ἐξημερῶσαι γαῖαν, εἴθ' Ἥρας ὕπο   20
κέντροις δαμασθεὶς εἴτε τοῦ χρεὼν μέτα.
Καὶ τοὺς μὲν ἄλλους ἐξεμόχθησεν πόνους,
τὸ λοίσθιον δὲ Ταινάρου διὰ στόμα
βέβηκ' ἐς Ἅιδου τὸν τρισώματον κύνα
ἐς φῶς ἀνάξων, ἔνθεν οὐχ ἥκει πάλιν.   25

Γέρων δὲ δή τις ἔστι Καδμείων λόγος
ὡς ἦν πάρος Δίρκης τις εὐνήτωρ Λύκος
τὴν ἑπτάπυργον τήνδε δεσπόζων πόλιν,
τὼ λευκοπώλω πρὶν τυραννῆσαι χθονὸς
Ἀμφίον' ἠδὲ Ζῆθον, ἐκγόνω Διός.   30

---

2. Une tradition rapporte que, lors d'un combat pour une affaire de bétail, Amphitryon a tué accidentellement son beau-père, Électryon (voir les vers 1258-1260) ; il a dû s'exiler et aller à Thèbes avec son épouse Alcmène ; celle-ci se refuse à lui, exigeant qu'il venge d'abord la mort de ses frères tués par les Taphiens et les Téléboens. Pendant qu'accompagné de Thébains Amphitryon s'acquitte de cette tâche (voir les vers 60-61), Zeus, métamorphosé en Amphitryon, séduit Alcmène. Peu après, Amphitryon revient… Dans certaines traditions, des jumeaux naissent de cette double union ; dans l'*Héraclès*, c'est Héraclès lui-même qui est marqué d'une dualité : fils de Zeus *et* d'Amphitryon, il est à la fois divin *et* humain. Grâce à ce choix premier et très libre de l'ambiguïté, l'auteur construit un personnage dont une des particularités est d'être l'objet d'un questionnement constant tout au long de la tragédie.

Et la flûte accompagnait les chants nuptiaux, le jour où,
                                    [dans ma maison,
Héraclès plein de gloire, la conduisit.
Mais quittant Thèbes, où je m'étais établi,
Quittant Mégara et ses parents, mon enfant
S'élança pour habiter les remparts d'Argos et la ville   15
                                    [des Cyclopes.
Moi, j'en suis exilé pour avoir tué
Électryon [2]. Alors il cherche
À arranger mon malheur et il veut habiter sa patrie :
En échange du retour, il offre à Eurysthée [3], bon salaire,
De purger la terre de ses monstres. Ou bien Héra   20
De son aiguillon le domptait ou bien c'était une obligation.
Il s'est donné du mal et il a achevé tous les autres travaux [4].
Dernière épreuve, en passant la bouche du Ténare
Il est allé chez Hadès, pour ramener le chien aux trois corps
À la lumière, et il n'est pas revenu.   25
Il existe une vieille légende cadméenne
Qui rapporte qu'un Lycos, époux de Dircé,
Fut maître de la ville aux sept tours,
Avant que ne règnent sur ce pays les frères aux chevaux
                                    [blancs,
Amphion et Zéthos, nés de Zeus.   30

---

3. Eurysthée est le roi d'Argos.

4. Sur la foi de témoignages tardifs, on considère généralement qu'Euripide renverse l'ordre traditionnel de la légende (voir l'Introduction) : les événements que la tragédie rapporte se situent non au début, mais après l'accomplissement des travaux. Amphitryon donne plusieurs explications aux travaux ; s'il ne choisit pas entre elles, il insiste davantage (vers 15-21), en père, sur la piété filiale ; cela ouvre un des motifs essentiels de la tragédie. Mais, au vers 21, le mot « aiguillon », souvent utilisé chez Euripide pour évoquer la folie, suggère que, entreprendre ce travail de civilisation qui amène le héros à parcourir l'ensemble de l'univers pour gagner Argos, est déjà un acte de folie provoqué par Héra.

Οὗ ταὐτὸν ὄνομα παῖς πατρὸς κεκλημένος,
Καδμεῖος οὐκ ὤν, ἀλλ' ἀπ' Εὐβοίας μολών,
κτείνει Κρέοντα καὶ κτανὼν ἄρχει χθονός,
στάσει νοσοῦσαν τήνδ' ἐπεσπεσὼν πόλιν.
Ἡμῖν δὲ κῆδος ἐς Κρέοντ' ἀνημμένον   35
κακὸν μέγιστον, ὡς ἔοικε, γίγνεται.
Τοὐμοῦ γὰρ ὄντος παιδὸς ἐν μυχοῖς χθονός,
ὁ καινὸς οὗτος τῆσδε γῆς ἄρχων Λύκος
τοὺς Ἡρακλείους παῖδας ἐξελεῖν θέλει
κτανὼν δάμαρτά <θ'>, ὡς φόνῳ σβέσῃ φόνον,   40
κἄμ', εἴ τι δὴ χρὴ κἄμ' ἐν ἀνδράσιν λέγειν
γέροντ' ἀχρεῖον, μή ποθ' οἵδ' ἠνδρωμένοι
μήτρωσιν ἐκπράξωσιν αἵματος δίκην.
Ἐγὼ δέ — λείπει γάρ με τοῖσδ' ἐν δώμασι
τροφὸν τέκνων οἰκουρόν, ἡνίκα χθονὸς   45
μέλαιναν ὄρφνην εἰσέβαινε παῖς ἐμός —
σὺν μητρί, τέκνα μὴ θάνωσ' Ἡρακλέους,
βωμὸν καθίζω τόνδε Σωτῆρος Διός,
ὃν καλλινίκου δορὸς ἄγαλμ' ἱδρύσατο
Μινύας κρατήσας οὑμὸς εὐγενὴς τόκος.   50

---

5. La violence est tout entière du côté du second Lycos ; Euripide
invente ce personnage ; avec lui, on quitte l'espace propre aux
légendes thébaines pour entrer dans un espace politique nouveau.
Héraclès est mis dans une situation inconnue du cycle des légendes
thébaines. Le nom *Lycos* signifie « Loup ». Dans l'épopée, le loup est
comme le lion assimilé au guerrier, mais, contrairement à lui, il participe à des combats collectifs. Chez Ésope, il propose aux autres loups
de mettre en commun et de partager le produit de leur chasse, fondant
ainsi la vie en société et l'égalité politique. Mais la cupidité menace
l'égalité et, dans la cité divisée, le loup se transforme en tyran. Le mot
stásis, traduit ici par « division », appartient, au Ve siècle, au vocabulaire politique. Avec les événements liés à ce personnage, la tragédie
explore ce qui fait que le lien civique se maintient ou pas dans une
cité. Elle participe à un débat.
6. Le mot *kêdos* signifie « lien de parenté » et « deuil » ; le jeu de
mots n'est pas rendu dans la traduction.

Un fils, appelé du même nom que le père [5],
Mais qui n'est pas cadméen et vient d'Eubée,
Tue Créon et, après le crime, gouverne le pays.
Il s'est jeté sur cette ville malade de ses divisions.
Le lien [6] qui nous attache à Créon   35
Est devenu pour nous, comme on voit, un très grand
                                        [malheur.

Car, pendant que mon fils est au fond de la terre,
Ce glorieux [7] Lycos règne en maître sur le pays
Et veut exterminer les enfants d'Héraclès,
Après avoir tué, pour éteindre le sang par le sang, son   40
                                        [épouse
Et moi, si je peux dire que, vieillard qui ne sert à rien,
Je fais encore partie des hommes [8]. Il craint que, devenus
                                        [grands,
Ils ne lui fassent payer le prix de la lignée maternelle.
Et moi, que mon fils a laissé dans ce palais
Comme gardien de la maison pour nourrir ses enfants   45
Pendant que lui marchait dans les ténèbres sombres de la
                                        [terre,
Pour que les enfants d'Héraclès ne meurent pas,
Je campe, avec leur mère, devant l'autel de Zeus Sauveur
Que, splendeur pour la belle victoire de sa lance, fit
                                        [construire,
Quand il triompha des Minyens, mon enfant bien né [9].   50

---

7. J'ai conservé le texte du manuscrit L ; « glorieux » est ironique
dans la bouche d'Amphitryon.

8. Un des motifs de la pièce est ici mis en place : l'impuissance
liée à la vieillesse. Amphitryon se décrit avec des mots habituellement
employés pour des femmes (voir aussi le vers 45).

9. Thèbes était en rivalité avec la ville d'Orchomène, peuplée par
des Minyens. Pour venger la mort de son père tué par un Thébain, le
roi des Minyens, Erginos, marche contre Thèbes. Victorieux, il obtient
que Thèbes lui verse un tribut, pendant vingt ans. Héraclès réussit à
délivrer les Thébains de cette obligation. En hommage, il consacre un
autel à Zeus Sauveur. Les vers 220-221 et 560 feront allusion à cette
victoire.

Πάντων δὲ χρεῖοι τάσδ᾽ ἕδρας φυλάσσομεν,
σίτων, ποτῶν, ἐσθῆτος, ἀστρώτῳ πέδῳ
πλευρὰς τιθέντες· ἐκ γὰρ ἐσφραγισμένοι
δόμων καθήμεθ᾽ ἀπορίᾳ σωτηρίας.
Φίλων δὲ τοὺς μὲν οὐ σαφεῖς ὁρῶ φίλους,   55
οἱ δ᾽ ὄντες ὀρθῶς ἀδύνατοι προσωφελεῖν.
Τοιοῦτον ἀνθρώποισιν ἡ δυσπραξία·
ἧς μήποθ᾽ ὅστις καὶ μέσως εὔνους ἐμοὶ
τύχοι, φίλων ἔλεγχον ἀψευδέστατον.

ΜΕΓΑΡΑ

Ὦ πρέσβυ, Ταφίων ὅς ποτ᾽ ἐξεῖλες πόλιν   60
στρατηλατήσας κλεινὰ Καδμείων δορός,
ὡς οὐδὲν ἀνθρώποισι τῶν θείων σαφές.
Ἐγὼ γὰρ οὔτ᾽ ἐς πατέρ᾽ ἀπηλάθην τύχης,
ὃς οὕνεκ᾽ ὄλβου μέγας ἐκομπάσθη ποτέ,
ἔχων τυραννίδ᾽, ἧς μακραὶ λόγχαι πέρι   65
πηδῶσ᾽ ἔρωτι σώματ᾽ εἰς εὐδαίμονα,
ἔχων δὲ τέκνα· κἄμ᾽ ἔδωκε παιδὶ σῷ

---

10. La confrontation du passé et du présent n'a pas permis à
Amphitryon de comprendre la situation d'abandon où il se trouve :
Zeus fait pourtant partie de la famille ! Comme c'est souvent le cas,
sa tirade se termine par des phrases exprimant des vérités générales ;
elles portent ici sur l'amitié. Ce motif traverse la tragédie. Zeus n'est
pas l'ami qu'Amphitryon pensait (voir les vers 339-347). Les vrais
amis que sont les vieillards du chœur voudraient aider, mais ne le
peuvent. À la fin de la tragédie, l'amitié motive tout le comportement
de Thésée.

11. Voir ci-dessus, la note 2.

Manquant de tout, nous gardons ces marches,
Sans nourriture, sans boisson, sans vêtements, sans tapis
                                    [sur le sol
Où poser notre corps : les portes sont scellées
Et nous restons assis dehors, sans issue pour être sauvés.
Dans les amis, j'en vois qui ne sont pas de vrais amis ;   55
Les autres, qui le sont clairement, ne peuvent pas nous
                                    [venir en aide.
La misère pour les hommes est comme ça ;
Je ne la souhaite à personne, si peu qu'il me veuille de bien ;
Elle est un révélateur sûr de l'amitié [10].

MÉGARA

Vieillard, toi qui as autrefois détruit la ville de Taphos,   60
Conducteur glorieux des lances cadméennes [11],
Comme pour les hommes, rien de ce qui vient des dieux
                                    [n'est clair [12] !
Ainsi, moi, je n'ai été mise hors du malheur, ni du côté de
                                    [mon père
De qui, dans la prospérité, on ne clama jamais la grandeur
Car il avait la royauté pour laquelle les longues lances   65
Bondissent, mues par le désir, contre l'individu heureux,
Et il avait aussi des enfants ; et moi, il m'a donnée à ton fils,

---

12. Dès les premiers mots de Mégara, on entre dans un débat.
La reprise de « clairement » (vers 56) par « clair » (vers 62) vaut généralisation : l'amitié n'est pas seule concernée ; l'ordre divin qui régit
la vie des hommes l'est aussi. Les hommes mènent leur vie dans
l'obscurité. Les personnages se répondent à coups de vérités générales
qui condensent des systèmes de représentation de la vie différents.

ἐπίσημον εὐνὴν Ἡρακλεῖ συνοικίσας.
Καὶ νῦν ἐκεῖνα μὲν θανόντ' ἀνέπτατο,
ἐγὼ δὲ καὶ σὺ μέλλομεν θνήσκειν, γέρον,   70
οἵ θ' Ἡράκλειοι παῖδες, οὓς ὑπὸ πτεροῖς
σῴζω νεοσσοὺς ὄρνις ὣς ὑφειμένη.
Οἳ δ' εἰς ἔλεγχον ἄλλος ἄλλοθεν πίτνων
« Ὦ μῆτερ, αὐδᾷ, ποῖ πατὴρ ἄπεστι γῆς ;
τί δρᾷ ; πόθ' ἥξει ; » Τῷ νέῳ δ' ἐσφαλμένοι   75
ζητοῦσι τὸν τεκόντ'· ἐγὼ δὲ διαφέρω
λόγοισι μυθεύουσα. Θαυμάζω δ' ὅταν
πύλαι ψοφῶσι, πᾶς ἀνίστησιν πόδα,
ὡς πρὸς πατρῷον προσπεσούμενοι γόνυ.
    Νῦν οὖν τίν' ἐλπίδ' ἢ πέδον σωτηρίας   80
ἐξευμαρίζῃ, πρέσβυ ; πρὸς σὲ γὰρ βλέπω.
Ὡς οὔτε γαίας ὅρι' ἂν ἐκβαῖμεν λάθρα·
φυλακαὶ γὰρ ἡμῶν κρείσσονες κατ' ἐξόδους·
οὔτ' ἐν φίλοισιν ἐλπίδες σωτηρίας

---

13. Les vers 63 à 65 sont difficiles et ont été corrigés. Dans le
texte transmis, le balancement ouvert au vers 63, « Je n'ai été mise
hors du malheur, ni du côté de mon père », est interrompu. Pour
résoudre cette difficulté, on traduit, généralement, en prêtant à *túchè*,
le sens de « bonheur », qu'il a aussi, « du côté de mon père d'abord,
je fus loin de connaître la disgrâce », une litote distinguée qui expri-
merait le bonheur passé. Pour que le vers 64 illustre ce bonheur, on
le corrige et le texte du manuscrit L, « il ne fut pas dit grand dans la
prospérité », devient « il fut dit grand en raison de sa prospérité ». Or,
si Mégara se réjouissait du bonheur passé et lui opposait le malheur
actuel, elle se différencierait peu d'Amphitryon, et le vif dialogue qui
suit ne se comprendrait pas. Son analyse de la vie humaine est autre.
Le malheur était déjà dans le bonheur passé ; être roi exposait à
l'envie, au désir, un désir susceptible de s'armer de lances et de devenir
force politique. Cette menace qui a effectivement fini par ravir la vie à
Créon, son père, empêchait celui-ci de connaître la prospérité, *l'olbos*,
mélange de grandeur, de richesse et de bonheur simple. Être père
alors ? Le mariage de sa fille avec Héraclès est un apogée, mais la
nature du héros menaçait aussi ce bonheur. Le vers 69 rassemble,
pour en dire la disparition, cet état passé incertain. La phrase avec
ses ruptures, ses faux balancements, ses ellipses – de mort, il n'est pas
question – exprime les ambiguïtés de « ce qui vient des dieux ».

Union des plus en vue puisque c'était à Héraclès qu'il me
[mariait [13].
Et maintenant, cela est mort, envolé :
Toi et moi nous devons mourir, vieillard, 70
Avec les enfants d'Héraclès, mes petits qui volètent
Et que je sauve en me blottissant comme un oiseau.
Mais eux, pour me questionner, se précipitent de-ci de-là :
« Mère, en quel endroit du monde notre père est-il parti ?
Que fait-il ? Quand reviendra-t-il ? » Trompés par leur 75
[fraîcheur,
Ils cherchent celui qui les a engendrés ; et moi, je les distrais
Avec des mots, je raconte des histoires. Mais je frémis quand
Des portes grincent : chacun se lève
Comme pour se jeter aux genoux paternels [14].
Alors maintenant quelle espérance as-tu ? Ou plutôt 80
[quel pays de sûreté
Nous déniches-tu, vieil homme ? Car c'est vers toi que
[je tourne les yeux.
Nous ne pourrions franchir les frontières du pays en
[secret :
Des gardes plus forts que nous sont postés le long des
[issues
Et l'espoir que des amis nous sauvent,

---

14. Avec d'autres éditeurs, j'ai conservé aux vers 71-72 le texte
du manuscrit L. Euripide y renouvelle une métaphore assez courante :
privée de son père et de son époux, Mégara n'a plus pour protéger
ses enfants que son corps faible se blottissant près de l'autel ; les
enfants, au contraire, « dans leur fraîcheur », veulent échapper.
Aucune immobilité chez les oisillons ! Aucun silence non plus, et pour
éviter de répondre à l'interrogation naïve des enfants, la mère ne dispose que des mots des récits qu'elle invente. Le grincement d'une
porte la fait frémir ; tous alors se précipitent. On peut garder, malgré
l'absence de liaison, le texte de L au vers 77. On veut souvent voir en
Mégara la princesse déchue regrettant un passé magnifique et une
mère maîtresse d'elle-même ; mais l'instabilité qui, selon elle, caractérise la vie et la perception du danger présent imprègnent son attitude
et jusqu'à ses propos.

ἔτ᾽ εἰσὶν ἡμῖν. Ἥντιν᾽ οὖν γνώμην ἔχεις　　85
λέγ᾽ ἐς τὸ κοινόν, μὴ θανεῖν ἕτοιμον ᾖ,
χρόνον δὲ μηκύνωμεν ὄντες ἀσθενεῖς.

ΑΜ.　Ὦ θύγατερ, οὔτοι ῥᾴδιον τὰ τοιάδε
φαύλως παραινεῖν σπουδάσαντ᾽ ἄνευ πόνου.

ΜΕ.　Λύπης τι προσδεῖς ἢ φιλεῖς οὕτω φάος ;　　90

ΑΜ.　Καὶ τῷδε χαίρω καὶ φιλῶ τὰς ἐλπίδας.

ΜΕ.　Κἀγώ· δοκεῖν δὲ τἀδόκητ᾽ οὐ χρή, γέρον.

ΑΜ.　Ἐν ταῖς ἀναβολαῖς τῶν κακῶν ἔνεστ᾽ ἄκη.

ΜΕ.　Ὁ δ᾽ ἐν μέσῳ με λυπρὸς ὢν δάκνει χρόνος.

ΑΜ.　Γένοιτό τἄν, ὦ θύγατερ, οὔριος δρόμος　　95
ἐκ τῶν παρόντων τῶνδ᾽ ἐμοὶ καὶ σοὶ κακῶν,
ἔλθοι τ᾽ ἔτ᾽ ἂν παῖς οὑμός, εὐνήτωρ δὲ σός.
Ἀλλ᾽ ἡσύχαζε καὶ δακρυρρόους τέκνων
πηγὰς ἀφαίρει καὶ παρευκήλει λόγοις,
κλέπτουσα μύθοις ἀθλίους κλοπὰς ὅμως.　　100
Κάμνουσι γάρ τοι καὶ βροτῶν αἱ συμφοραί,

---

15. Aux vers 85-86, Mégara invite Amphitryon à donner son opi-
nion dans les termes mêmes par lesquels, à Athènes, on sollicitait les
avis des citoyens à l'Assemblée. Le dialogue est un débat. Le constat
qu'elle fait ne se distingue pas de celui d'Amphitryon : enfermement,
déréliction, épuisement physique. Comme le montre le vif échange qui
suit, où chacun rebondit sur un mot de l'autre, la différence entre eux
se situe dans le rapport à l'espoir : l'attachement à la vie est plus fort
chez le vieillard que chez la jeune femme. Lui, regardant vers le passé
héroïque, espère et veut héroïquement continuer à vivre ; une analyse
du mouvement de la vie l'amène, elle, à regarder le présent, à ne pas
lutter contre le sort et à accepter héroïquement la mort. Deux concep-
tions de l'héroïsme s'affrontent.

Nous ne l'avons plus. Ton avis, alors, quel qu'il soit,   85
Partage-le [15] ; je crains que notre mort soit toute prête
Et que nous ne fassions durer le temps quand nous sommes
                                        [sans force.

AMPHITRYON

Ma fille, sur des sujets comme ça, il est très difficile
De donner des conseils à la légère en se précipitant sans
                                        [mal.

MÉGARA

De la douleur, tu en redemandes ? Ou aimes-tu à ce point   90
                                [la lumière ?

MÉGARA

Cette lumière me réjouit et j'aime l'espoir.

MÉGARA :

Moi aussi. Mais espérer l'impossible, il ne le faut pas,
                                        [vieillard.

AMPHITRYON

Dans les délais se trouvent les remèdes des maux.

MÉGARA

Mais l'intervalle, s'il est pénible, ronge.

AMPHITRYON :

Il se peut bien, ma fille, qu'une course heureuse,   95
Au sortir de nos malheurs présents, nous échoie à toi et
                                        [à moi
Et mon enfant, ton époux, peut encore venir.
Allons, sois apaisée et assèche de ces enfants
Le ruissellement des larmes ; rassure-les avec des mots,
Ravis-les avec des mensonges même si le ravissement   100
                                        [est difficile.
Car il se fatigue, tu sais, le malheur des mortels

καὶ πνεύματ' ἀνέμων οὐκ ἀεὶ ῥώμην ἔχει,
οἵ τ' εὐτυχοῦντες διὰ τέλους οὐκ εὐτυχεῖς.
Ἐξίσταται γὰρ πάντ' ἀπ' ἀλλήλων δίχα.
Οὗτος δ' ἀνὴρ ἄριστος ὅστις ἐλπίσι   105
πέποιθεν αἰεί· τὸ δ' ἀπορεῖν ἀνδρὸς κακοῦ.

ΧΟΡΟΣ

Ὑπώροφα μέλαθρα καὶ   Str.
γεραιὰ δέμνι', ἀμφὶ βάκτροις
ἔρεισμα θέμενος, ἐστάλην ἰηλέμων
γόων ἀοιδὸς ὥστε πολιὸς ὄρνις,   110
ἔπεα μόνον καὶ δόκημα νυκτερω-
πὸν ἐννύχων ὀνείρων,
τρομερὰ μέν, ἀλλ' ὅμως πρόθυμα·
ὦ τέκεα, τέκεα πατρὸς ἀπάτορ',
ὦ γεραιὲ σύ τε τάλαινα μᾶ-   115
τερ, ἃ τὸν Ἅιδα δόμοις
πόσιν ἀναστενάζεις.

Μὴ προκάμητε πόδα βαρύ   Ant.
τε κῶλον, ὥστε πρὸς πετραῖον   120
λέπας † ζυγοφόρον πῶλον ἀνέντες ὡς
βάρος φέρον τροχηλάτοιο πώλου †.
Λαβοῦ χερῶν καὶ πέπλων, ὅτου λέλοι-

---

16. Le chant d'arrivée des vieillards qui composent le chœur est
très court : un seul ensemble de trois strophes. C'est inhabituel. Ces
vieux soldats – le vocabulaire évoque l'élan guerrier – viennent sponta-
nément, mus par leur solidarité vis-à-vis d'Amphitryon, leur ancien chef
de guerre. Les suppliants ne les ont pas appelés. Ce fait aussi est inhabituel. Euripide en use avec les formes comme il le fait avec les mythes.

17. L'écart entre cette entrée – qui se veut énergique et quasi
guerrière – et la manière dont les vieillards se définissent comme chan-
teurs du deuil se concentre dans la comparaison avec le cygne : le
chant du cygne – un oiseau blanc comme devient la chevelure des
vieillards – est associé à la mort. La parole et la poésie se substituent
à l'action dont les prive la faiblesse de leur corps. Ils sont les mots
qu'ils disent, les visions doublement nocturnes qu'ils donnent à voir.
Les guerriers (qui sont traditionnellement l'*objet* des chants) chantent
un chant de malheur et de larmes.

Et les souffles des vents ne conservent pas toujours leur force
Et les chanceux ne sont pas chanceux jusqu'au bout.
Toute chose s'efface pour céder la place à une autre,
                              [différente.
L'homme le meilleur c'est celui que l'espoir   105
Persuade toujours ; ne pas voir d'issue est le propre du lâche.

Parodos [16]

Vers la haute demeure et
La couche du vieillard, ceint du bâton
Qui me soutient, je me suis levé – iê iê
Les lamentations je les chante, comme un cygne, chenu –,   110
Moi, rien que mots, impression au visage nocturne
Des rêves de la nuit
Parti tremblant mais comme un brave [17] *;*
Ô enfants, enfants qui avez et n'avez plus de père,
Ô vieillard et toi, triste mère   115
Qui pleures
Ton époux dans l'Hadès.

Ne fatiguez pas votre pied lourd
Ni votre jambe ; † Soyez comme sur une pente   120
Couverte de pierres ceux qui font monter un poulain
Qui porte un joug en sorte que
Leur poids emporte le poids du cheval poussé par les roues [18] *†*

---

18. Les vers 120 à 122, difficiles, ont été abondamment corrigés.
Je choisis de traduire, en dépit du problème métrique qu'il pose, le
texte du manuscrit L qui maintient au moins une cohérence avec ce
qui précède et ce qui suit : quand ils étaient jeunes et combattaient
en formation hoplitique, la solidarité faisait la victoire ; cette attitude
d'entraide, ils s'encouragent à la conserver pour se déplacer maintenant qu'ils sont vieux. L'attitude héroïque du passé est maintenue
dans le présent, mais par un acte trivial.

πε ποδὸς ἀμαυρὸν ἴχνος·
γέρων γέροντα καρακόμιζε·   125
τὸ πάρος ἐν ἡλίκων πόνοις
ᾧ ξύνοπλα δόρατα νέα νέῳ
ξυνῆν ποτ᾽, εὐκλεεστάτας
πατρίδος οὐκ ὀνείδη.   129

  Ἴδετε, πατέρος ὡς γορ-   Ep.
γῶπες αἵδε προσφερεῖς
ὀμμάτων αὐγαί,
τὸ δὲ κακοτυχὲς οὐ λέλοιπεν ἐκ τέκνων,
οὐδ᾽ ἀποίχεται χάρις.
Ἑλλὰς ὦ ξυμμάχους   135
οἵους οἵους ὀλέσασα
τούσδ᾽ ἀποστερήσῃ.
  Ἀλλ᾽ εἰσορῶ γὰρ τῆσδε κοίρανον χθονὸς
Λύκον περῶντα τῶνδε δωμάτων πέλας.

ΛΥΚΟΣ

Τὸν Ἡράκλειον πατέρα καὶ ξυνάορον,   140
εἰ χρή μ᾽, ἐρωτῶ· χρὴ δ᾽, ἐπεί γε δεσπότης
ὑμῶν καθέστηχ᾽, ἱστορεῖν ἃ βούλομαι.
Τίν᾽ ἐς χρόνον ζητεῖτε μηκῦναι βίον ;
τίν᾽ ἐλπίδ᾽ ἀλκήν τ᾽ εἰσορᾶτε μὴ θανεῖν ;
ἢ τὸν παρ᾽ Ἅιδῃ πατέρα τῶνδε κείμενον   145
πιστεύεθ᾽ ἥξειν ; ὡς ὑπὲρ τὴν ἀξίαν
τὸ πένθος αἴρεσθ᾽, εἰ θανεῖν ὑμᾶς χρεών,
σὺ μὲν καθ᾽ Ἑλλάδ᾽ ἐκβαλὼν κόμπους κενοὺς

---

19. Tout change pour la dernière strophe : le dialecte, le rythme,
le sujet. Les vieillards annoncent la mort des enfants d'Héraclès, de
ceux qui avaient en naissant des yeux de héros. L'ironie joue : quand
Héraclès tuera ses enfants, il aura ce regard-là.
20. Lycos feint de vouloir persuader les suppliants. Au vers 240,
il tranchera ; il a déjà tranché (vers 147). Le débat vaut pour lui-
même.

Attrape par les mains ou le manteau celui
Dont le pied laisse une trace hésitante ;
Vieillard, sois un soutien pour le vieillard ;   125
Autrefois, dans les épreuves des jeunes gens,
C'est à lui, jeune, qu'unis à d'autres armes, des combats
                                        [nouveaux
S'attachaient jadis, et, pour cette patrie glorieuse entre toutes,
Ce n'était pas un déshonneur.

Voyez ces yeux, des flèches, comme   130
Ceux de leur père,
Des yeux de Gorgone.
L'infortune n'a pas manqué, dès l'enfance,
Et la beauté non plus n'est pas loin.
Grèce, de quels alliés,   135
De quels alliés tu te priveras
En perdant ces enfants [19] *!*

Premier épisode

LE CHŒUR

Là, je me tais car j'aperçois le chef de cette terre,
Lycos, qui s'avance vers le palais.

LYCOS

Père et conjointe d'Héraclès,   140
Puisqu'il le faut, je vous interroge ; et il me faut,
                        [puisque je suis votre maître,
Vous poser les questions que je veux [20].
Jusqu'à quand chercherez-vous à prolonger votre vie ?
Sur quel espoir, sur quelle force comptez-vous pour éviter
                                        [la mort ?
Le père de ces enfants gît dans l'Hadès :   145
Croyez-vous qu'il va revenir ?
Dans ces conditions, puisqu'il est obligatoire que vous mouriez,
Vous poussez trop haut le deuil,

ὡς σύγγαμός σοι Ζεὺς τέκ<νου τε κ>οινεών,
σὺ δ' ὡς ἀρίστου φωτὸς ἐκλήθης δάμαρ.   150
    Τί δὴ τὸ σεμνὸν σῷ κατείργασται πόσει,
ὕδραν ἕλειον εἰ διώλεσε κτανὼν
ἢ τὸν Νέμειον θῆρ'; ὃν ἐν βρόχοις ἑλὼν
βραχίονός φησ' ἀγχόναισιν ἐξελεῖν.
Τοῖσδ' ἐξαγωνίζεσθε; τῶνδ' ἄρ' οὕνεκεν   155
τοὺς Ἡρακλείους παῖδας οὐ θνήσκειν χρεών;
ὃς ἔσχε δόξαν οὐδὲν ὢν εὐψυχίας
θηρῶν ἐν αἰχμῇ, τἄλλα δ' οὐδὲν ἄλκιμος,
ὃς οὔποτ' ἀσπίδ' ἔσχε πρὸς λαιᾷ χερὶ
οὐδ' ἦλθε λόγχης ἐγγύς, ἀλλὰ τόξ' ἔχων,   160
κάκιστον ὅπλον, τῇ φυγῇ πρόχειρος ἦν.
Ἀνδρὸς δ' ἔλεγχος οὐχὶ τόξ' εὐψυχίας,
ἀλλ' ὃς μένων βλέπει τε κἀντιδέρκεται
δορὸς ταχεῖαν ἄλοκα, τάξιν ἐμβεβώς.
    Ἔχει δὲ τοὐμὸν οὐκ ἀναίδειαν, γέρον,   165
ἀλλ' εὐλάβειαν· οἶδα γὰρ κατακτανὼν
Κρέοντα πατέρα τῆσδε καὶ θρόνους ἔχων.
Οὔκουν τραφέντων τῶνδε τιμωροὺς ἐμοὺς
χρῄζω λιπέσθαι τῶν δεδραμένων δίκην.

ΑΜ.   Τῷ τοῦ Διὸς μὲν Ζεὺς ἀμυνέτω μέρει   170
παιδός· τὸ δ' εἰς ἔμ', Ἡράκλεις, ἐμοὶ μέλει
λόγοισι τὴν τοῦδ' ἀμαθίαν ὑπὲρ σέθεν
δεῖξαι· κακῶς γάρ σ' οὐκ ἐατέον κλύειν.

---

21. Sur la double paternité, voir ci-dessus, la note 2.

22. Euripide utilise l'analyse banalisante des mythes à laquelle se livraient les sophistes : pour Lycos, Héraclès n'est plus qu'un chasseur ordinaire poursuivant des proies ordinaires. Cette position de Lycos est cohérente avec la rupture vis-à-vis de la tradition qui caractérise son action politique.

23. Le texte grec joue sur la proximité phonique des mots « *brachiôn* » /« bras » et « *brachois* »/« filets ».

En déversant par toute la Grèce de bruyantes inanités :
Toi, que Zeus a partagé avec toi ta femme et qu'il est
[co-géniteur de ton enfant [21],
Et toi qu'on te célèbre comme l'épouse du meilleur des héros. 150
Mais qu'est-ce que ton mari a fait de grand
S'il a détruit, en le tuant, un serpent de marécage
Ou la bête de Némée [22] ? Il l'a attrapée au lacet
Et il dit l'avoir exterminée par l'enlacement de ses bras [23] !
C'est avec ça que vous voulez soutenir la lutte ? Et c'est 155
[pour ça
Que les enfants d'Héraclès devraient ne pas mourir ?
Lui avait le renom d'une âme ardente – ce qu'il n'était
[nullement –
Parce qu'il se battait contre des bêtes mais, pour le reste, nul
[pour se défendre ;
Jamais sa gauche n'a tenu un bouclier,
Jamais il ne s'est avancé à portée de lance ; mais avec l'arc, 160
La plus méprisable des armes, la fuite était facile.
Ce qui garantit qu'un guerrier a l'âme ardente, ce n'est pas
[l'arc,
Mais c'est quand, sans bouger, il voit et regarde droit devant
Le sillon rapide des lances, ferme dans le dispositif.
Je ne fais pas dans l'impudence, vieillard, 165
Mais dans la prudence ; car, je le reconnais, j'ai tué
Créon, le père de cette femme, et j'occupe son trône.
Alors, je n'ai pas besoin qu'en nourrissant ces enfants
On laisse contre moi des vengeurs pour punir ce qui a
[été fait.

AMPHITRYON

La part de l'enfant dont Zeus est cause, à Zeus de la 170
[défendre ;
Quant à moi, Héraclès, je me soucie de démontrer
Par la parole et en ton nom, la goujaterie de cet homme.
Car je ne dois pas permettre qu'on te fasse une réputation
[de lâche.

Πρῶτον μὲν οὖν τἄρρητ᾽ — ἐν ἀρρήτοισι γὰρ
τὴν σὴν νομίζω δειλίαν, Ἡράκλεες —   175
σὺν μάρτυσιν θεοῖς δεῖ μ᾽ ἀπαλλάξαι σέθεν.
Διὸς κεραυνὸν δ᾽ ἠρόμην τέθριππά τε,
ἐν οἷς βεβηκὼς τοῖσι γῆς βλαστήμασι
Γίγασι, πλευροῖς πτήν᾽ ἐναρμόσας βέλη,
τὸν καλλίνικον μετὰ θεῶν ἐκώμασε·   180
τετρασκελές θ᾽ ὕβρισμα, Κενταύρων γένος,
Φολόην ἐπελθών, ὦ κάκιστε βασιλέων,
ἐροῦ τίν᾽ ἄνδρ᾽ ἄριστον ἐγκρίναιεν ἂν
ἢ οὐ παῖδα τὸν ἐμόν, ὃν σὺ φῂς εἶναι δοκεῖν.
Δίρφυν τ᾽ ἐρωτῶν ἥ σ᾽ ἔθρεψ᾽ Ἀβαντίδα,   185
οὐκ ἄν σ᾽ ἐπαινέσειεν· οὐ γὰρ ἔσθ᾽ ὅπου
ἐσθλόν τι δράσας μάρτυρ᾽ ἂν λάβοις πάτραν.
    Τὸ πάνσοφον δ᾽ εὕρημα, τοξήρη σάγην,
μέμφῃ· κλύων νῦν τἀπ᾽ ἐμοῦ σοφὸς γενοῦ.
Ἀνὴρ ὁπλίτης δοῦλός ἐστι τῶν ὅπλων   190
καὶ τοῖσι συνταχθεῖσιν οὖσι μὴ ἀγαθοῖς
αὐτὸς τέθνηκε δειλίᾳ τῇ τῶν πέλας,

---

24. Amphitryon cite, parmi les exploits d'Héraclès, sa participation, au côté des dieux, aux combats contre les Géants, à laquelle la *Théogonie* d'Hésiode (vers 954) ferait allusion. Ainsi Héraclès a-t-il contribué à instaurer l'ordre et la justice dans l'univers et le monde des dieux. La mention du « quadrige » de Zeus vaut reproche contre le dieu qui ne se manifeste pas. La scène entre Iris et Lyssa (vers 822-874) fait également allusion à cet exploit ; ironiquement, le choix d'Amphitryon condamne, de fait, le héros : qu'un mortel puisse aider les dieux est inacceptable pour ceux-ci. Le deuxième exploit cité est le combat contre les Centaures qui a lieu à Pholoé. Il sera encore mentionné aux vers 364-374. La gloire d'Héraclès qui va du ciel à la terre est ainsi présentée comme universelle.

25. « La terre des Abantes » est l'Eubée ; le « mont Dirphys » s'y trouve. Lycos vient d'Eubée (voir le vers 32).

Dans un premier temps, ces accusations taboues – il est tabou,
Je pense, de t'accuser de lâcheté, Héraclès –,   175
Avec l'aide des dieux, en les citant comme témoins, je dois
                                    [les écarter de toi.
J'interroge la foudre de Zeus et son quadrige
Héraclès y monta et aux rejetons de Terre,
Aux Géants, il enfonça dans les côtes ses flèches ailées
Puis cette belle victoire, il la dansa parmi les dieux ;   180
Et la violence qui va sur quatre pattes, l'engeance des
                                    [Centaures [24],
Ô toi le plus lâche des rois, va à Pholoé
Et demande quel homme elle distinguerait comme le plus
                                    [valeureux
Sinon mon fils, dont toi, tu dis qu'il paraît l'être.
Et si tu interrogeais le mont Dirphys, la terre des Abantes   185
                                    [qui t'a nourri [25],
Elle ne ferait pas ton éloge ; car il n'est pas de lieu
Où d'une prouesse que tu aurais faite, tu aurais pour témoin
                                    [ta patrie.
Ensuite, cette invention techniquement parfaite, l'équipement
                                    [de l'archer,
Tu la dénigres ; eh bien écoute mon point de vue, tu
                                    [deviendras un connaisseur [26].
L'hoplite est l'esclave de son armement   190
Et, si ses compagnons de rang ne sont pas bons,
C'est lui qui meurt, à cause de la lâcheté de ses voisins ;

---

26. Ayant réfuté, exemples à l'appui, les accusations de lâcheté
prononcées par Lycos, Amphitryon se lance dans une comparaison
des mérites respectifs de l'archer et de l'hoplite. L'accent ici est mis
sur la technique guerrière et non sur la gloire. Ces débats étaient fami-
liers aux spectateurs athéniens, comme le soulignent les vers 204-205.
Il faut rappeler que le chœur est composé d'hoplites thébains ;
Amphitryon a probablement été leur chef. Quant à Héraclès, que ces
propos sont censés défendre, la pièce n'en fait pas toujours un archer
(voir les vers 49-50 et la note 9) et, dans sa folie, son usage de l'arc
sera tout sauf glorieux. Les contradictions entre la parole et l'action
sont un trait de l'écriture d'Euripide.

θραύσας τε λόγχην οὐκ ἔχει τῷ σώματι
θάνατον ἀμῦναι, μίαν ἔχων ἀλκὴν μόνον·
ὅσοι δὲ τόξοις χεῖρ' ἔχουσιν εὔστοχον,   195
ἓν μὲν τὸ λῷστον, μυρίους οἰστοὺς ἀφεὶς
ἄλλοις τὸ σῶμα ῥύεται μὴ κατθανεῖν,
ἑκὰς δ' ἀφεστὼς πολεμίους ἀμύνεται
τυφλοῖς ὁρῶντας οὐτάσας τοξεύμασι,
τὸ σῶμά τ' οὐ δίδωσι τοῖς ἐναντίοις,   200
ἐν εὐφυλάκτῳ δ' ἐστί· τοῦτο δ' ἐν μάχῃ
σοφὸν μάλιστα, δρῶντα πολεμίους κακῶς
σῴζειν τὸ σῶμα, μὴ 'κ τύχης ὡρμισμένον.
Λόγοι μὲν οἵδε τοῖσι σοῖς ἐναντίαν
γνώμην ἔχουσι τῶν καθεστώτων πέρι.   205
    Παῖδας δὲ δὴ τί τοῦσδ' ἀποκτεῖναι θέλεις ;
τί σ' οἵδ' ἔδρασαν ; ἕν τί σ' ἡγοῦμαι σοφόν,
εἰ τῶν ἀρίστων τἄκγον' αὐτὸς ὢν κακὸς
δέδοικας. Ἀλλὰ τοῦθ' ὅμως ἡμῖν βαρύ,
εἰ δειλίας σῆς κατθανούμεθ' εἵνεκα,   210
ὃ χρῆν σ' ὑφ' ἡμῶν τῶν ἀμεινόνων παθεῖν,
εἰ Ζεὺς δικαίας εἶχεν εἰς ἡμᾶς φρένας.
Εἰ δ' οὖν ἔχειν γῆς σκῆπτρα τῆσδ' αὐτὸς θέλεις,
ἔασον ἡμᾶς φυγάδας ἐξελθεῖν χθονός·
βίᾳ δὲ δράσῃς μηδέν, ἢ πείσῃ βίαν,   215
ὅταν θεοῦ σοι πνεῦμα μεταβαλὸν τύχῃ.
Φεῦ·
ὦ γαῖα Κάδμου — καὶ γὰρ ἐς σ' ἀφίξομαι
λόγους ὀνειδιστῆρας ἐνδατούμενος —
τοιαῦτ' ἀμύνεθ' Ἡρακλεῖ τέκνοισί τε ;
ὃς εἷς Μινύαισι πᾶσι διὰ μάχης μολὼν   220

---

27. Au vers 203, j'ai conservé le texte du manuscrit L qui accorde
« ormisménous »/« ancrés » à « polemious »/« ennemis ». L'image,
empruntée au vocabulaire de la navigation, suggère que l'archer ne
laisse aucun « mouillage sûr» à ses ennemis ; dans le combat hoplitique, le soldat, s'il est heureux – à savoir s'il a une lance solide et
de bons compagnons – peut être sauvé : le hasard seconde la valeur.
L'archer, lui, ne laisse pas le hasard se mêler du combat.

Sa lance vient-elle à se rompre, de sa personne
Il n'a pas moyen d'écarter la mort : c'était sa seule défense.
Au contraire, avec l'arc, tous ceux dont le bras tire juste,   195
Ont avec cette unique chose le meilleur ; l'archer lance
                                        [mille flèches,
Mais il en a d'autres pour sauver son corps de la mort ;
Et aussi, posté à l'écart du combat, il repousse les ennemis,
Les blessant de tirs aveugles qu'eux voient bien
Et il n'expose pas sa personne à ses adversaires :   200
Il est bien protégé ; voici, au combat
L'art suprême : faire mal à ses ennemis
Et sauver sa peau, sans qu'eux puissent s'attacher à l'ancre
                                        [de la chance [27].
Voici mes arguments qui soutiennent un avis contraire
Au tien sur ces opinions établies.   205
Mais laissons cela : ces enfants, pourquoi veux-tu les tuer ?
Que t'ont-ils fait ? Sur un point, je le reconnais, tu es lucide
Si des rejetons de héros, toi, le lâche,
Tu les crains. Mais il n'en est pas moins dur pour nous
De mourir à cause de ta propre lâcheté :   210
La mort, tu devrais la recevoir de nous qui sommes les plus
                                        [braves,
Si Zeus avait pour nous des sentiments équitables [28].
Alors, tiens, si tu veux, le sceptre de cette terre,
Et laisse-nous sortir du pays et partir pour l'exil,
Mais ne commets pas d'actes violents ou bien tu subiras   215
                                        [l'extrême
Le jour où le souffle du dieu, pour toi, se trouvera avoir
                                        [changé.
Ah !
Ô terre de Cadmos – oui, j'en viens à toi
Dans ma distribution de reproches –,
C'est comme ça que tu protèges Héraclès et ses enfants ?
Seul, contre tous les Minyens, il est parti au combat   220

---

28. Le dieu garant de la justice est accusé d'injustice.

Θήβαις ἔθηκεν ὄμμ' ἐλεύθερον βλέπειν.
Οὐδ' Ἑλλάδ' ᾔνεσ', οὐδ' ἀνέξομαί ποτε
σιγῶν, κακίστην λαμβάνων ἐς παῖδ' ἐμόν,
ἣν χρῆν νεοσσοῖς τοῖσδε πῦρ, λόγχας, ὅπλα
φέρουσαν ἐλθεῖν, ποντίων καθαρμάτων   225
χέρσου τ' ἀμοιβάς, ὧν ἐμόχθησας χάριν.
Τὰ δ', ὦ τέκν', ὑμῖν οὔτε Θηβαίων πόλις
οὔθ' Ἑλλὰς ἀρκεῖ· πρὸς δ' ἔμ', ἀσθενῆ φίλον,
δεδόρκατ', οὐδὲν ὄντα πλὴν γλώσσης ψόφον.
Ῥώμη γὰρ ἐκλέλοιπεν ἣν πρὶν εἴχομεν,   230
γήρᾳ δὲ τρομερὰ γυῖα κἀμαυρὸν σθένος.
Εἰ δ' ἦ νέος τε κἄτι σώματος κρατῶν,
λαβὼν ἂν ἔγχος τοῦδε τοὺς ξανθοὺς πλόκους
καθημάτωσ' ἄν, ὥστ' Ἀτλαντικῶν πέραν·
φεύγειν ὅρων ἂν δειλίᾳ τοὐμὸν δόρυ.   235

ΧΟ. Ἆρ' οὐκ ἀφορμὰς τοῖς λόγοισιν ἀγαθοὶ
θνητῶν ἔχουσι, κἂν βραδύς τις ἦ λέγειν ;

ΑΥΚ. Σὺ μὲν λέγ' ἡμᾶς οἷς πεπύργωσαι λόγοις,
ἐγὼ δὲ δράσω σ' ἀντὶ τῶν λόγων κακῶς.
   Ἄγ', οἳ μὲν Ἑλικῶν', οἳ δὲ Παρνασοῦ πτυχὰς   240
τέμνειν ἄνωχθ' ἐλθόντες ὑλουργοὺς δρυός

---

29. Dans les mythes racontant l'origine de Thèbes, Cadmos tue
un dragon consacré à Arès et en sème les dents : des hommes tout
armés naissent ; ce sont les Semés, les Spartes, ancêtres des Thébains.
Amphitryon reproche ici à la « terre de Cadmos » de ne pas se monter
fidèle à cette origine. Sur les Minyens, voir ci-dessus la note 9.
   30. Pour Amphitryon, la Grèce aurait dû recommencer rien moins
qu'une autre guerre de Troie. La mention des « lances » peut paraître
surprenante dans la bouche d'Amphitryon. C'est que nous sommes à un
autre moment d'un discours fait de juxtapositions de moments différents. De même, dans les vers 217-228, Héraclès est montré en chef de
guerre puis en héros solitaire accomplissant des exploits extraordinaires.

Et a donné à Thèbes le regard de la liberté [29].
Je ne félicite pas non plus la Grèce et jamais je n'accepterai
De me taire : elle est très lâche, je trouve, envers mon fils.
Pour défendre ces petits, c'est avec du feu, des lances, des
                                              [armes,
Qu'elle aurait dû venir [30], salaire pour les impuretés enlevées 225
                                              [aux mers
Et aux terres, motifs de tes travaux.
Mais ce secours, mes enfants, ni la ville de Thèbes
Ni la Grèce ne veut vous l'accorder ; et c'est vers moi, un
                                              [parent sans vigueur,
Que vous regardez, moi qui ne suis rien que bruit de mots.
Car la force que j'avais autrefois m'a quitté   230
Et la vieillesse fait mes membres tremblants et de ma vigueur,
                                              [une ombre.
Si j'étais jeune, encore maître de mon corps,
Je prendrais ma lance et ses boucles blondes,
Je les teindrais de son sang afin que, plus loin que les bornes
                                              [de l'Atlantique [31],
Il s'enfuie à la vue de ma lance, comme un lâche.   235

LE CHŒUR

N'est-il pas vrai que chez les mortels, les braves gens ont
Des ressources pour parler ? Même s'il s'en trouve qui
                                              [parlent lentement.

LYCOS

Toi, tu peux nous parler avec des discours dressés comme
                                              [des remparts ;
Moi, je vais te nuire par des actes et non par des discours.
Allez les uns sur l'Hélicon, les autres dans les replis du   240
                                              [Parnasse,
Et ordonnez aux bûcherons de couper des branches

---

31. « Les bornes de l'Atlantique » marquaient, pour les Anciens, les limites du monde habité.

κορμούς· ἐπειδὰν δ' ἐσκομισθῶσιν πόλει,
βωμὸν πέριξ νήσαντες ἀμφήρη ξύλα
ἐμπίπρατ' αὐτῶν καὶ πυροῦτε σώματα
πάντων, ἵν' εἰδῶσ' οὕνεκ' οὐχ ὁ κατθανὼν   245
κρατεῖ χθονὸς τῆσδ', ἀλλ' ἐγὼ τὰ νῦν τάδε.
  Ὑμεῖς δέ, πρέσβεις, ταῖς ἐμαῖς ἐναντίοι
γνώμαισιν ὄντες, οὐ μόνον στενάξετε
τοὺς Ἡρακλείους παῖδας, ἀλλὰ καὶ δόμου
τύχας, ὅταν πάσχῃ τι, μεμνήσεσθε δὲ   250
δοῦλοι γεγῶτες τῆς ἐμῆς τυραννίδος.

ΧΟ.   Ὦ γῆς λοχεύμαθ', οὓς Ἄρης σπείρει ποτὲ
λάβρον δράκοντος ἐξερημώσας γένυν,
οὐ σκῆπτρα, χειρὸς δεξιᾶς ἐρείσματα,
ἀρεῖτε καὶ τοῦδ' ἀνδρὸς ἀνόσιον κάρα   255
καθαιματώσεθ', ὅστις οὐ Καδμεῖος ὢν
ἄρχει κάκιστος τῶν νέων ἔπηλυς ὤν ;
Ἀλλ' οὐκ ἐμοῦ γε δεσπόσεις χαίρων ποτέ,
οὐδ' ἀπόνησα πόλλ' ἐγὼ καμὼν χερὶ
ἕξεις· ἀπέρρων δ' ἔνθεν ἦλθες ἐνθάδε,   260
ὕβριζ'· ἐμοῦ γὰρ ζῶντος οὐ κτενεῖς ποτε
τοὺς Ἡρακλείους παῖδας. Οὐ τοσόνδε γῆς
ἔνερθ' ἐκεῖνος κρύπτεται λιπὼν τέκνα.
Ἐπεὶ σὺ μὲν γῆν τήνδε διολέσας ἔχεις,
ὃ δ' ὠφελήσας ἀξίων οὐ τυγχάνει·   265
κἄπειτα πράσσω πόλλ' ἐγώ, φίλους ἐμοὺς

---

32. L'Hélicon et le Parnasse, repaires des Muses, sont des montagnes appartenant au monde de la poésie. Sachant qu'elles sont relativement éloignées de Thèbes, l'ordre que Lycos adresse à ses serviteurs – à l'imitation d'Agamemnon qui, au chant XXIII de l'*Iliade*, ordonne d'aller couper du bois sur l'Ida pour dresser le tombeau de Patrocle – est très ironique : Lycos convoque, comme Amphitryon, le monde de la poésie, mais pour un acte bien réel destiné à affirmer son pouvoir « ici et maintenant ».

33. Voir ci-dessus la note 29 : le raccourci fait ici des vieillards du chœur les fils d'Arès, dieu du combat. Mais pour tout arme, ils n'ont plus qu'un bâton !

D'arbres [32] ; puis, quand on les aura transportées à la ville,
Empilez régulièrement le bois autour de l'autel,
Mettez-y le feu et brûlez le corps
De tous ces gens pour qu'ils sachent que le mort   245
Ne gouverne pas cette terre, mais qu'ici et maintenant
                                                    [je commande.
Quant à vous, vieillards, qui vous opposez
À mes décisions, non seulement vous allez pleurer
Les enfants d'Héraclès mais aussi les malheurs
De votre maison, lorsqu'elle paiera, et vous vous souviendrez 250
Que vous êtes les esclaves de ma royauté.

LE CHŒUR

Fruits de l'enfantement de la terre, ô vous qu'Arès sème
                                                    [un jour,
Après qu'il a dépeuplé la mâchoire vorace du dragon [33],
Vos bâtons, appuis de votre bras,
N'allez-vous pas les lever et la tête de cet homme violent,   255
La lui mettre en sang ? Il n'est pas cadméen
Et il commande, le lâche, à la jeunesse [34], lui, un immigré ;
Mais de moi, tu n'auras jamais la joie d'être le maître,
Et ces biens que je me suis usé à amasser en fatiguant mon
                                                    [bras,
Tu ne les auras pas ; va-t-en, maudit, là d'où tu viens   260
Et fais-y le violent ; car, moi vivant, jamais tu ne tueras
Les enfants d'Héraclès. Ce héros n'est pas caché
Si profond sous la terre, puisqu'il a laissé ses enfants.
Oui, toi tu tiens cette terre que tu as anéantie,
Lui, qui l'a secourue et la mérite, ne la reçoit pas   265
Et tu dis que je fais du zèle en aidant mes amis

---

34. Les vieillards et le vieil Amphitryon soutiennent Héraclès,
Mégara et leurs enfants ; Lycos a avec lui la jeunesse de la ville.
L'opposition jeunes/vieux qui parcourt la pièce est politique.

θανόντας εὖ δρῶν οὖ φίλων μάλιστα δεῖ ;
Ὦ δεξιὰ χείρ, ὡς ποθεῖς λαβεῖν δόρυ,
ἐν δ' ἀσθενείᾳ τὸν πόθον διώλεσας.
Ἐπεὶ σ' ἔπαυσ' ἂν δοῦλον ἐννέποντά με   270
καὶ τάσδε Θήβας εὐκλεῶς ᾠκήσαμεν,
ἐν αἷς σὺ χαίρεις. Οὐ γὰρ εὖ φρονεῖ πόλις
στάσει νοσοῦσα καὶ κακοῖς βουλεύμασιν·
οὐ γάρ ποτ' ἂν σὲ δεσπότην ἐκτήσατο.

ΜΕ. Γέροντες, αἰνῶ· τῶν φίλων γὰρ οὕνεκα   275
ὀργὰς δικαίας τοὺς φίλους ἔχειν χρεών·
ἡμῶν δ' ἕκατι δεσπόταις θυμούμενοι
πάθητε μηδέν. Τῆς δ' ἐμῆς, Ἀμφιτρύων,
γνώμης ἄκουσον, ἤν τί σοι δοκῶ λέγειν.
Ἐγὼ φιλῶ μὲν τέκνα· πῶς γὰρ οὐ φιλῶ   280
ἄτικτον, ἀμόχθησα ; καὶ τὸ κατθανεῖν
δεινὸν νομίζω· τῷ δ' ἀναγκαίῳ τρόπῳ
ὃς ἀντιτείνει, σκαιὸν ἡγοῦμαι βροτόν.
Ἡμᾶς δ' ἐπειδὴ δεῖ θανεῖν, θνῄσκειν χρεὼν
μὴ πυρὶ καταξανθέντας, ἐχθροῖσιν γέλων   285
διδόντας, οὑμοὶ τοῦ θανεῖν μεῖζον κακόν.
Ὀφείλομεν γὰρ πολλὰ δώμασιν καλά·
σὲ μὲν δόκησις ἔλαβεν εὐκλεὴς δορός,
ὥστ' οὐκ ἀνεκτὸν δειλίας θανεῖν σ' ὕπο·
οὑμὸς δ' ἀμαρτύρητος εὐκλεὴς πόσις,   290
ὡς τούσδε παῖδας οὐκ ἂν ἐκσῶσαι θέλοι
δόξαν κακὴν λαβόντας· οἱ γὰρ εὐγενεῖς
κάμνουσι τοῖς αἰσχροῖσι τῶν τέκνων ὕπερ,
ἐμοί τε μίμημ' ἀνδρὸς οὐκ ἀπωστέον.
Σκέψαι δὲ τὴν σὴν ἐλπίδ', ᾗ λογίζομαι.   295

---

35. Ne pas résister au sort, ne pas faire rire ses ennemis : ces pré-
ceptes conduisent Mégara à accepter la mort au nom d'une morale
héroïque. Dans l'ensemble de son discours, et avec une plus grande
densité à la fin, s'enchaînent maximes et lieux communs : cette accu-
mulation montre l'écart entre l'inouï qu'elle vit et ce dont elle dispose
pour le vivre. C'est cet écart qui fait le tragique chez Euripide.

Morts – c'est là que les amis sont le plus utiles !
Ô ma main, comme tu désires prendre ta lance !
Mais avec ta faiblesse, tu anéantis ton désir.
Sinon je t'aurais fait taire quand tu me disais ton esclave,   270
Et nous habiterions pleins de gloire cette ville de Thèbes
Dans laquelle tu t'amuses. Non, elle n'est pas prudente la cité
Que gangrènent les divisions et les décisions mauvaises.
Autrement, jamais elle ne t'aurait eu comme maître.

MÉGARA

Je vous remercie, vieillards ; oui, il faut que pour leurs amis, 275
Les amis éprouvent des colères justes ;
Mais qu'à vous emporter à cause de nous contre les maîtres,
Rien de fâcheux ne vous arrive. Mon avis, Amphitryon,
Écoute-le et vois si ce que je dis te semble valable.
J'aime mes enfants – comment ne pas les aimer ?   280
Je les ai mis au monde, pour eux j'ai souffert ; et mourir
Est effrayant, je sais ; mais celui qui se tend contre
Le nécessaire est, je pense, un homme de peu.
Nous, puisqu'il nous faut mourir, nous devons mourir,
Mais non déchirés par les flammes, offrant à nos ennemis   285
                        [une occasion de rire [35],
Ce qui, pour moi, est un mal pire que la mort.
Car nous sommes redevables à notre maison de beaucoup
                                    [de biens.
Toi, ta réputation d'homme glorieux à la lance te tient,
Il n'est donc pas supportable que tu meures en lâche ;
Pour mon époux au nom glorieux, on n'a pas à prouver   290
Qu'il ne voudrait pas sauver ses enfants
S'ils en recevaient du déshonneur. Car les gens bien nés
Souffrent d'un déshonneur qui touche leurs enfants.
Et moi, je ne dois pas refuser d'imiter mon mari.
Examine maintenant ton espoir et l'appréciation que j'en fais.   295

Ἥξειν νομίζεις παῖδα σὸν γαίας ὕπο ;
καὶ τίς θανόντων ἦλθεν ἐξ Ἅιδου πάλιν ;
ἀλλ' ὡς λόγοισι τόνδε μαλθάξαιμεν ἄν ;
ἥκιστα· φεύγειν σκαιὸν ἄνδρ' ἐχθρὸν χρεών,
σοφοῖσι δ' εἴκειν καὶ τεθραμμένοις καλῶς·   300
ῥᾶον γὰρ αἰδοῦς ὑπολαβὼν φίλ' ἂν τέμοις.
Ἤδη δ' ἐσῆλθέ μ' εἰ παραιτησαίμεθα
φυγὰς τέκνων τῶνδ'· ἀλλὰ καὶ τόδ' ἄθλιον,
πενίᾳ σὺν οἰκτρᾷ περιβαλεῖν σωτηρίαν·
ὡς τὰ ξένων πρόσωπα φεύγουσιν φίλοις   305
ἓν ἦμαρ ἡδὺ βλέμμ' ἔχειν φασὶν μόνον.
Τόλμα μεθ' ἡμῶν θάνατον, ὃς μένει σ' ὅμως·
προκαλούμεθ' εὐγένειαν, ὦ γέρον, σέθεν.
Τὰς τῶν θεῶν γὰρ ὅστις ἐκμοχθεῖ τύχας,
πρόθυμός ἐστιν, ἡ προθυμία δ' ἄφρων·   310
ὃ χρὴ γὰρ οὐδεὶς μὴ χρεὼν θήσει ποτέ.

ΧΟ. Εἰ μὲν σθενόντων τῶν ἐμῶν βραχιόνων
ἦν τίς σ' ὑβρίζων, ῥᾳδίως ἔπαυσά τἄν·
νῦν δ' οὐδέν ἐσμεν. Σὸν δὲ τοὐντεῦθεν σκοπεῖν
ὅπως διώσῃ τὰς τύχας, Ἀμφιτρύων.   315

ΑΜ. Οὔτοι τὸ δειλὸν οὐδὲ τοῦ βίου πόθος
θανεῖν ἐρύκει μ', ἀλλὰ παιδὶ βούλομαι
σῶσαι τέκν'· ἄλλως δ' ἀδυνάτων ἔοικ' ἐρᾶν.
Ἰδοὺ πάρεστιν ἥδε φασγάνῳ δέρη
κεντεῖν, φονεύειν, ἱέναι πέτρας ἄπο.   320
Μίαν δὲ νῦν δὸς χάριν, ἄναξ, ἱκνούμεθα·

---

36. Mégara refuse ici l'exil qu'Amphitryon sollicitait au vers 214.

Tu penses que ton enfant qui est sous la terre va venir ?
Mais quel mort est revenu de l'Hadès ?
Que nous pourrions adoucir cet homme en argumentant ?
Nullement ! Quand l'ennemi ne vaut rien, il faut le fuir
Et, en revanche, céder à ceux qui sont intelligents et bien 300
                                   [élevés :
Alors il est facile en invoquant la honte de sceller un accord.
Je me suis déjà demandé si nous ne devions pas solliciter
L'exil pour ces enfants. Mais voilà encore un motif de
                                   [souffrance :
Les plonger dans un salut qu'accompagne une pauvreté
                                   [lamentable.
Que le visage des hôtes pour les amis en exil 305
N'offre qu'un seul jour bon regard, on le dit [26].
Résigne-toi à la mort avec nous ; de toute façon, elle t'attend.
Nous en appelons à ta haute naissance, vieil homme.
Celui qui subit jusqu'au bout les malheurs envoyés par
                                   [les dieux
Est plein d'ardeur, mais son ardeur est folie. 310
L'obligation, personne ne la rendra jamais non obligatoire.

LE CHŒUR

Lorsque mes bras avaient de la vigueur
Si quelqu'un t'avait outragée, je l'aurais arrêté facilement.
Mais maintenant, nous ne sommes rien. À toi désormais
                                   [d'examiner
Comment tu repousseras le malheur, Amphitryon. 315

AMPHITRYON

Ni la lâcheté ni la soif de la vie
Ne me retiennent de mourir ; pourtant je voudrais à mon
                                   [enfant
Conserver ses petits. Mais c'est, semble-t-il, désirer à tort
                                   [l'impossible.
Tiens, voici ma gorge, elle se présente au couteau :
Transperce, tue et que je tombe d'un rocher. 320
Mais accorde-nous une faveur, prince, nous t'en supplions :

κτεῖνόν με καὶ τήνδ' ἀθλίαν παίδων πάρος,
ὡς μὴ τέκν' εἰσίδωμεν, ἀνόσιον θέαν,
ψυχορραγοῦντα καὶ καλοῦντα μητέρα
πατρός τε πατέρα. Τἆλλα δ', εἰ πρόθυμος εἶ,   325
πρᾶσσ'· οὐ γὰρ ἀλκὴν ἔχομεν ὥστε μὴ θανεῖν.

ΜΕ. Κἀγώ σ' ἱκνοῦμαι χάριτι προσθεῖναι χάριν,
<ἡμῖν> ἵν' ἀμφοῖν εἷς ὑπουργήσῃς διπλᾶ·
κόσμον πάρες μοι παισὶ προσθεῖναι νεκρῶν,
δόμους ἀνοίξας — νῦν γὰρ ἐκκεκλῄμεθα —   330
ὡς ἀλλὰ ταῦτά γ' ἀπολάχωσ' οἴκων πατρός.

ΛΥΚ. Ἔσται τάδ'· οἴγειν κλῇθρα προσπόλοις λέγω.
Κοσμεῖσθ' ἔσω μολόντες· οὐ φθονῶ πέπλων.
Ὅταν δὲ κόσμον περιβάλησθε σώμασιν,
ἥξω πρὸς ὑμᾶς νερτέρᾳ δώσων χθονί.   335

ΜΕ. Ὦ τέκν', ὁμαρτεῖτ' ἀθλίῳ μητρὸς ποδὶ
πατρῷον ἐς μέλαθρον, οὗ τῆς οὐσίας
ἄλλοι κρατοῦσι, τὸ δ' ὄνομ' ἔσθ' ἡμῶν ἔτι.

ΑΜ. Ὦ Ζεῦ, μάτην ἄρ' ὁμόγαμόν σ' ἐκτησάμην,
μάτην δὲ παιδὸς κοινεῶν' ἐκλῄζομεν·   340
σὺ δ' ἦσθ' ἄρ' ἧσσων ἢ 'δόκεις εἶναι φίλος.
Ἀρετῇ σε νικῶ θνητὸς ὢν θεὸν μέγαν·
παῖδας γὰρ οὐ προύδωκα τοὺς Ἡρακλέους.
Σὺ δ' ἐς μὲν εὐνὰς κρύφιος ἠπίστω μολεῖν,

---

37. Le mot « *ousia* » qui désigne un bien (terre ou maison)
appartient au vocabulaire philosophique. Lycos possède la chose,
mais cette chose garde le nom de « maison d'Héraclès » ; cela seul
compte pour Mégara. Cette question du rapport entre nom et chose
ou entre le héros et son nom parcourt la pièce. Comme au débat politique, la tragédie participe au débat philosophique.

Tue cette malheureuse et moi-même avant les enfants,
Que nous ne voyions pas ces petits, spectacle sacrilège,
Déchirer leur vie en appelant leur mère
Et le père de leur père. Le reste, puisque tu es plein d'ardeur, 325
Fais-le. Car nous manquons de force pour éviter la mort.

MÉGARA

Moi aussi, je t'implore d'ajouter une faveur à cette faveur
En sorte de nous rendre à nous deux un double service.
Permets que je pose sur les enfants la parure des morts,
En faisant ouvrir le palais – car pour l'instant l'entrée nous 330
　　　　　　　　　　　　　　　　　　[en est interdite :
Qu'ils obtiennent au moins cette part de la maison de leur
　　　　　　　　　　　　　　　　　　　　　　　[père.

LYCOS

Soit. J'ordonne à mes serviteurs d'ouvrir les verrous.
Entrez et parez. Je ne refuse pas les vêtements.
Quand vous aurez revêtu de parures, les corps,
Je reviendrai vers vous pour vous donner à la sombre terre. 335

MÉGARA

Enfants, suivez le pas misérable de votre mère
Vers le palais de votre père ; le bien qu'il est,
D'autres le possèdent mais son nom est toujours nôtre [37].

AMPHITRYON

Ô Zeus, c'est donc en vain que je t'ai eu comme partageur
　　　　　　　　　　　　　　　　　　[de mon mariage,
En vain nous te nommions co-géniteur de l'enfant ;　　　340
Tu étais donc moins ami que tu ne paraissais l'être.
Pour le mérite, moi, un homme, je te bats, toi le super dieu.
Car les enfants d'Héraclès, je ne les ai pas livrés.
Mais toi, tu as su venir en cachette dans mon lit,

τἀλλότρια λέκτρα δόντος οὐδενὸς λαβών,   345
σῴζειν δὲ τοὺς σοὺς οὐκ ἐπίστασαι φίλους.
Ἀμαθής τις εἶ θεός, ἢ δίκαιος οὐκ ἔφυς.

ΧΟ.   Αἴλινον μὲν ἐπ᾽ εὐτυχεῖ   Str. 1.
       μολπᾷ Φοῖβος ἰαχεῖ,
       τὰν καλλίφθογγον κιθάραν   350
       ἐλαύνων πλήκτρῳ χρυσέῳ·
       ἐγὼ δὲ τὸν γᾶς ἐνέρων τ᾽ ἐς ὄρφναν
       μολόντα, παῖδ᾽ εἴτε Διός νιν εἴπω
       εἴτ᾽ Ἀμφιτρύωνος ἶνιν,
       ὑμνῆσαι στεφάνωμα μό-   355
       χθων δι᾽ εὐλογίας θέλω.
       Γενναίων δ᾽ ἀρεταὶ πόνων
       τοῖς θανοῦσιν ἄγαλμα.

       Πρῶτον μὲν Διὸς ἄλσος
       ἠρήμωσε λέοντος,   360
       πυρσῷ δ᾽ ἀμφεκαλύφθη
       ξανθὸν κρᾶτ᾽ ἐπινωτίσας
       δεινῷ χάσματι θηρός.

       Τάν τ᾽ ὀρεινόμον ἀγρίων   Ant. 1
       Κενταύρων ποτὲ γένναν   365
       ἔστρωσεν τόξοις φονίοις,
       ἐναίρων πτανοῖς βέλεσιν.

---

38. Voir le début du prologue et la note 2. Le dépit d'Amphitryon
renvoie à la fin de la pièce : Zeus ne sauvera pas Héraclès ; seul Thésée
saura l'aider. Chez Euripide, les hommes agissent dans un monde aban-
donné par les dieux. Sur l'amitié, voir ci-dessus, la note 10.

Prendre, sans qu'on te la donne, l'épouse d'un autre,   345
Mais sauver tes amis, tu ne sais pas.
Tu es un dieu sans éducation ou bien tu n'es pas juste [38].

Premier stasimon

Ailinos ! crie Phoibos,
Sur un chant heureux,
En frappant de son plectre d'or   350
La cithare au beau timbre ;
Et moi, de celui qui partit dans l'obscurité de la terre
Et des morts, que je le dise fils de Zeus
Ou enfant d'Amphitryon,
Je veux chanter le couronnement   355
Des travaux dans un éloge.
Le mérite de leurs fatigues de beau lignage,
Pour les morts : une parure.

En premier, le bois sacré de Zeus,
Il l'a vidé du lion,   360
Et par le feu fut cachée
Sa tête blonde quand il se fut couvert le dos
De la béance terrible du monstre [39].

Et celle qui habitait les montagnes,
La race jadis des Centaures sauvages,   365
Il l'a blessée de ses flèches meurtrières,
L'a tuée de ses traits ailés.

---

39. On a comme une énigme. Les deux actions – tuer le lion qui ravageait le sanctuaire paternel et se couvrir la tête de sa gueule – font entrer le héros dans la sauvagerie guerrière. Ainsi vêtu, Héraclès devient ce qui est normalement l'attribut extérieur d'un bouclier. Je considère *pursôi* de L comme un substantif : « la torche, le feu ». Comme Achille, évoqué par l'allusion à la blondeur, Héraclès porte l'incendie de la destruction. Le lion sera encore mentionné au vers 1271.

Ξύνοιδε Πηνειὸς ὁ καλλιδίνας
μακραί τ' ἄρουραι πεδίων ἄκαρποι
καὶ Πηλιάδες θεράπναι   370
σύγχορτοί τ' Ὁμόλας ἔναυ-
λοι, πεύκαισιν ὅθεν χέρας
πληροῦντες χθόνα Θεσσαλῶν
ἱππείαις ἐδάμαζον.

Τάν τε χρυσοκάρανον   375
δόρκαν ποικιλόνωτον
συλήτειραν ἀγρωστᾶν
κτείνας, θηροφόνον θεὰν
Οἰνῶᾱτιν ἀγάλλει.

Τεθρίππων τ' ἐπέβα   Str. 2.
καὶ ψαλίοις ἐδάμασε πώλους Διομήδεος,   381
αἳ φονίαισι φάτναις ἀχάλιν' ἐθόαζον
κάθαιμα σῖτα γένυσι, χαρμοναῖσιν ἀν-
δροβρῶσι δυστράπεζοι·   385
πέραν δ' ἀργυρορρύτων Ἕβρου
διεπέρασεν ὄχθων,
Μυκηναίῳ πονῶν τυράννῳ.

Ἄν τε Πηλιάδ' ἀκτὰν
Ἀναύρου παρὰ πηγάς,   390

---

40. Avec son arc et ses flèches, le héros tue avec légèreté la race des
Centaures lourdement armés. La discussion entre Lycos et Amphitryon
est à l'arrière-plan. Traditionnellement, on situe l'épisode du lion de
Némée dans le Péloponnèse. Dans la discussion entre Lycos et Amphitryon (vers 181-185), l'épisode des Centaures est situé en Élide, dans le
nord-ouest du Péloponnèse, mais il est ici situé en Thessalie et sur la
presqu'île de Magnésie, au nord-est de la Grèce. Le poète ne se contredit
pas. Chaque moment est individualisé et a sa cohérence. La multiplication des noms de lieux s'harmonise ici avec la multiplicité des flèches qui
tuent un ennemi multiple. Au vers 366, j'ai préféré *étrôsen*, « il l'a blessée », du manuscrit L à la correction *estrôsen*, « il l'a moissonnée ». La
métaphore affaiblit. La violence est dite deux fois dans sa brutalité :
Héraclès est une force de mort dont l'action permet la vie des hommes.
Des Centaures, il sera encore question au vers 1273.

En furent témoins et le Pénée aux beaux tourbillons
Et les larges champs sans fruits de ses plaines
Et les habitations du Pélion   370
Et, voisins, les bivouacs
De l'Homolé, d'où les mains
Armées de pins, à la terre des Thessaliens,
Avec leurs cavalcades, ils passaient le joug [40].

Et la femelle à tête d'or,   375
La biche au dos tacheté,
La spoliatrice des hommes des campagnes,
Il l'abat et il en pare la tueuse de bêtes,
La déesse d'Œnoé [41].

Et il monta sur le quadrige   380
Et avec le mors, dompta les juments de Diomède
Qui, dans les râteliers du meurtre, effrénées, expédiaient
Un fourrage sanglant sous leurs mâchoires, attablées
Dans la joie de manger de l'homme, affreusement,   385
Et la rive opposée des gorges de l'Hèbre
Où roule l'argent, il la franchit
– Il travaillait pour le roi de Mycènes –,

Et la côte escarpée du Pélion,
Près des sources de l'Anauros.   390

---

41. La biche, comme les Centaures, empêche les cultures et la vie. L'épisode est peu développé. Traditionnellement, Héraclès ne tue pas la biche, se contentant de la poursuivre ; il le fait ici. Sa violence est soulignée. Mais l'offrande à Artémis, « tueuse de bêtes » (comme le héros), de la robe chatoyante, magnifique, de la biche est l'acte principal : avec le verbe *agallein*, « parer, offrir », qui est de la même famille que *agalma* « parure » du vers 338, le lien entre ce travail – tuer la biche qui ravageait les champs et offrir sa dépouille à la déesse – et le chant qu'il permet est ainsi thématisé. Héraclès, par l'action et l'offrande, se met à la hauteur du dieu qu'il honore ; le chant des vieillards est lui-même une offrande qui reconnaît ce cheminement.

Κύκνον ξεινοδαΐκταν
τόξοις ὤλεσεν, Ἀμφαναί-
ας οἰκήτορ᾽ ἄμεικτον.

   Ὑμνῳδούς τε κόρας   Ant. 2
ἤλυθεν ἑσπέριον ἐς αὐλάν, χρυσέων πετά-   395
λων ἄπο μηλοφόρον χερὶ καρπὸν ἀμέρξων,
δράκοντα πυρσόνωτον, ὅς <σφ᾽> ἄπλατον ἀμ-
φελικτὸς ἕλικ᾽ ἐφρούρει,
κτανών· ποντίας θ᾽ ἁλὸς μυχοὺς   400
εἰσέβαινε, θνατοῖς
γαλανείας τιθεὶς ἐρετμοῖς.

Οὐρανοῦ θ᾽ ὑπὸ μέσσαν
ἐλαύνει χέρας ἕδραν,
Ἄτλαντος δόμον ἐλθών,   405
ἀστρωπούς τε κατέσχεν οἴ-
κους εὐανορίᾳ θεῶν.

   Τὸν ἱππευτάν τ᾽ Ἀμαζόνων στρατὸν   Str. 3.
Μαιῶτιν ἀμφὶ πολυπόταμον
ἔβα δι᾽ Εὔξεινον οἶδμα λίμνας,   410
τίν᾽ οὐκ ἀφ᾽ Ἑλλανίας
ἄγορον ἁλίσας φίλων,

---

42. L'exploit chez les Hespérides est normalement, mais pas ici,
le dernier exploit d'Héraclès, l'apogée de sa carrière héroïque. Il sup-
pose un passage à l'Ouest, au pays du couchant où tout est d'or. Les
Hespérides sont comme les Sirènes qui chantent les héros morts.
Héraclès cueille les fruits de sa main, sans l'aide d'Atlas. L'exploit
principal – tuer le dragon « au dos de feu » (comme le héros depuis
qu'il a tué le lion) – est mis au second plan. Chaque moment est ici
une rencontre avec la mort.

43. Euripide démembre le mythe des Hespérides : le plus souvent,
pendant qu'Atlas tue le dragon qui garde les pommes d'or, Héraclès soutient le monde sur ses épaules. L'exploit est ici non motivé, séparé de
l'épisode, rejeté à la fin de l'antistrophe et raconté au présent, comme si
Héraclès tenait encore le monde, comme s'il en était le centre, comme
s'il était partout, à l'Est, à l'Ouest, en haut et en bas.

Et Cycnos qui découpait les étrangers,
Il l'a tué de ses flèches, lui qui dans Amphanées
Habitait, à l'écart.

Et chez les filles chanteuses d'hymnes
Il est allé, dans leur palais du Soir pour arracher,   395
Avec sa main, le fruit aux feuilles d'or qui portaient des pommes.
Avant, le dragon au dos de feu qui, lové,
Montait la garde sur sa spirale inapprochable,
Il l'avait tué [42]. *Et vers les profondeurs salées de la mer*   400
Il s'embarquait, procurant
Aux mortels, pour leurs rames, le calme des mers.

Et contre l'assise du ciel, en son milieu,
Il pousse ses bras,
Allé dans la demeure d'Atlas [43],   405
Et il retint les maisons étoilées
Des dieux de sa vigueur d'homme.

Et contre la chevauchée des Amazones
Autour de la Méotide aux fleuves nombreux
Il marcha, traversant le gonflement de mer de l'Euxin [44] ;   410
Quelle assemblée d'amis loin de la Grèce
N'avait-il pas levée

---

44. Comme pour les Hespérides, l'accent est d'abord mis sur le
déplacement (vers l'extrême Est cette fois) ; l'exploit, dirigé contre
une armée, pourrait rappeler l'épisode des Centaures, mais il s'agit
plutôt d'une expédition semblable, jusque dans ses connotations éro-
tiques, à celle menée par Agamemnon, le roi d'Argos, lors de la guerre
de Troie ou encore à l'expédition des Argonautes (« le tissu revêtu
d'or ») : Héraclès n'est pas seul, toute la Grèce participe et reçoit en
offrande la magnifique ceinture d'Hippolyte, la reine des Amazones.
Comme dans l'épisode de la biche, l'offrande magnifie l'exploit.

κόρας Ἀρείας πέπλων
χρυσεόστολον φάρος,
ζωστῆρος ὀλεθρίους ἄγρας.   415
Τὰ κλεινὰ δ᾽ Ἑλλὰς ἔλαβε βαρβάρου κόρας
λάφυρα, καὶ σῴζεται Μυκήναις.

    Τάν τε μυριόκρανον
πολύφονον κύνα Λέρνας   420
ὕδραν ἐξεπύρωσεν,
βέλεσί τ᾽ ἀμφέβαλ᾽ <ἰόν>,
τόν τρισώματον οἷσιν ἔ-
κτα βοτῆρ᾽ Ἐρυθείας.

    Δρόμων τ᾽ ἄλλων ἀγάλματ᾽ εὐτυχῆ   Ant. 3
διῆλθε, τόν τε πολυδάκρυον   426
ἔπλευσ᾽ ἐς Ἅιδαν, πόνων τελευτάν,
ἵν᾽ ἐκπεραίνει τάλας
βίοτον, οὐδ᾽ ἔβα πάλιν.
Στέγαι δ᾽ ἔρημοι φίλων,   430
τὰν δ᾽ ἀνόστιμον τέκνων
Χάρωνος ἐπιμένει πλάτα
βίου κέλευθον ἄθεον ἄδικον· ἐς δὲ σὰς
χέρας βλέπει δώματ᾽ οὐ παρόντος.   435

---

45. L'épisode de l'hydre de Lerne, un exploit argien comme celui
du lion, est généralement le second travail du héros. Il le dote de
flèches empoisonnées dont il use dans les travaux suivants. Ici l'hydre,
aquatique, meurt sous le feu. Quelle est l'arme, sinon la foudre ? Et à
quoi lui serviront ses flèches empoisonnées si ce n'est à tuer sa propre
famille ? L'hydre est aussi mentionnée au vers 1275.

46. Rien n'est dit du vol du bétail qui motive habituellement ce
travail. Pour tuer Géryon, un Géant, Héraclès a dû repartir vers
l'Ouest et Érythie (« la Rouge »). Géryon a trois corps, comme
Cerbère, comme les trois enfants. Il se confond avec son bouvier.
Euripide synthétise.

Pour le tissu revêtu d'or
Des robes de la fille d'Arès,
Pour la chasse funeste au ceinturon ? 415
Ce glorieux butin pris à la jeune barbare, la Grèce le reçut :
Il est conservé à Mycènes.

Et la chienne aux mille têtes,
La tueuse de Lerne, 420
L'hydre, avec le feu il l'extermina
Et autour de ses flèches jeta son venin [45]
puis, avec elles, tua les trois corps
Du bouvier d'Érythie [46].

D'autres courses encore, il parcourut 425
La parure heureuse [47] *puis vers le lieu qui fait pleurer*
Il navigua : vers l'Hadès, terme de ses travaux,
Afin de franchir, malheureux !
Sa vie – et il n'est pas revenu.
Sa maison est vide d'amis 430
Et le voyage sans retour de ses enfants,
La rame de Charon [48] *l'attend,*
Chemin de vie sans dieu, sans justice. Vers ton bras
Ta maison regarde et tu n'es pas là [49]. 435

---

47. L'expression est surprenante : *Drómôn t'állôn agálmat'eutu-chê*, «la parure heureuse d'autres courses » fait écho à *ágalma* du vers 358 et à *agállei* de 379. De chaque exploit, qui est toujours lié à un déplacement, le héros reçoit comme une parure. Le chant qui les dit fait du héros un dieu. Les reprises signent la clôture du chant. Le travail final – ramener Cerbère des Enfers – est abrégé : seul le lieu est mentionné. Il en est question ailleurs (vers 24, 611-615, 1386). L'accent est mis sur la mort, franchissement sans retour de la limite de la vie.

48. Charon est le passeur des morts, dont la barque est ici réduite à une « rame ».

49. La fin de l'hymne souligne une contradiction dans la vie du héros : sa force – « ton bras » – lui a permis de pacifier la terre et de rendre la vie possible, mais il en est privé au moment de sauver ses propres enfants. Ce motif sera plusieurs fois repris (voir les vers 574-582).

Εἰ δ' ἐγὼ σθένος ἥβων
δόρυ τ' ἔπαλλον ἐν αἰχμᾷ
Καδμείων τε σύνηβοι,
τέκεσιν ἂν προπαρέσταν
ἀλκᾷ· νῦν δ' ἀπολείπομαι   440
τᾶς εὐδαίμονος ἥβας.

Ἀλλ' ἐσορῶ γὰρ τούσδε φθιμένων
ἔνδυτ' ἔχοντας, τοὺς τοῦ μεγάλου
δή ποτε παῖδας τὸ πρὶν Ἡρακλέους,
ἄλοχόν τε φίλην ὑπὸ σειραίοις   445
ποσὶν ἕλκουσαν τέκνα, καὶ γεραιὸν
πατέρ' Ἡρακλέους. Δύστηνος ἐγώ,
δακρύων ὡς οὐ δύναμαι κατέχειν
γραίας ὄσσων ἔτι πηγάς.   450

ΜΕ. Εἶεν· τίς ἱερεύς, τίς σφαγεὺς τῶν δυσπότμων
ἢ τῆς ταλαίνης τῆς ἐμῆς ψυχῆς φονεύς;
ἕτοιμ' ἄγειν τὰ θύματ' εἰς Ἅιδου τάδε.
Ὦ τέκν', ἀγόμεθα ζεῦγος οὐ καλὸν νεκρῶν,
ὁμοῦ γέροντες καὶ νέοι καὶ μητέρες.   455
Ὦ μοῖρα δυστάλαιν' ἐμή τε καὶ τέκνων,
τούσδ' οὓς πανύστατ' ὄμμασιν προσδέρκομαι.
Ἔτεκον μὲν ὑμᾶς, πολεμίοις δ' ἐθρεψάμην
ὕβρισμα κἀπίχαρμα καὶ διαφθοράν.
Φεῦ·

---

50. Les mots « victimes » et « corps » (le mot utilisé pour désigner un « cadavre ») conviennent pour les enfants désormais revêtus
du vêtement des morts, mais le « meurtrier » ne sera pas Lycos : aux
questions de Mégara, la suite de la pièce apporte une réponse inatten-
due et terrible.

51. L'interjection *pheu* rendue par « Ah ! » marque la prise de
conscience du malheur absolu que Mégara redoute *(elpídes)* ; l'avenir
qu'elle avait imaginé *(dóksès èn èlpisa)* était tout autre. Le champ
d'*elpís* est plus large que celui de notre mot « espoir » : il peut s'agir de
l'attente d'un événement heureux (notre « espoir ») ou de celle d'un
événement malheureux (ce qui correspond plutôt à la « crainte »). Les
vers 460-461 jouent sur les deux sens.

Si je brandissais la vigueur de la jeunesse
Et ma lance, dans une lutte,
Et avec moi, mes jeunes compagnons cadméens,
Ces enfants, je les défendrais
De mon ardeur. Mais aujourd'hui, je suis déserté   440
Par la jeunesse heureuse.

Mais cessons car je les vois : des morts
Ils portent l'habit, les fils de qui fut grand,
De qui fut autrefois Héraclès ;
Et je vois son épouse – sous son pas qui les tient   445
Elle traîne les enfants –, et je vois le vieillard,
Le père d'Héraclès. Je suis dans un désastre
À en croire mes larmes dont je ne peux plus retenir,
Comme une vieille, le jaillissement.   450

Deuxième épisode

MÉGARA

Allez. Qui est le sacrificateur, qui l'égorgeur de ces infortunés
Ou de ma vie de souffrances le meurtrier ?
Les victimes sont prêtes à être emmenées dans l'Hadès.
                                        [Les voici.
Ô mes enfants, nous sommes emmenés, groupement de corps
                                        [pas beau à voir [50],
Ensemble, des vieux, des jeunes et des mères.   455
Ô destin lourd de souffrances de moi et de mes enfants
Sur qui, pour la dernière fois, je pose les yeux.
Je vous ai mis au monde, pour mes ennemis, je vous ai nourris,
Comme leur violence et leur rire et leur dévastation.
Ah [51] !

ἦ πολύ με δόξης ἐξέπαισαν ἐλπίδες,　　　　460
ἦν πατρὸς ὑμῶν ἐκ λόγων ποτ' ἤλπισα.
Σοὶ μὲν γὰρ Ἄργος ἔνεμ' ὁ κατθανὼν πατήρ,
Εὐρυσθέως δ' ἔμελλες οἰκήσειν δόμους
τῆς καλλικάρπου κράτος ἔχων Πελασγίας,
στολήν τε θηρὸς ἀμφέβαλλε σῷ κάρᾳ　　　　465
λέοντος, ᾗπερ αὐτὸς ἐξωπλίζετο.
Σὺ δ' ἦσθα Θηβῶν τῶν φιλαρμάτων ἄναξ,
ἔγκληρα πεδία τἀμὰ γῆς κεκτημένος,
ὡς ἐξέπειθες τὸν κατασπείραντά σε·
ἐς δεξιάν τε σὴν ἀλεξητήριον　　　　　　470
ξύλον καθίει, Δαιδάλου ψευδῆ δόσιν.
Σοὶ δ' ἦν ἔπερσε τοῖς ἑκηβόλοις ποτὲ
τόξοισι δώσειν Οἰχαλίαν ὑπέσχετο.
Τρεῖς δ' ὄντας <ὑμᾶς> τριπτύχοις τυραννίσι
πατὴρ ἐπύργου, μέγα φρονῶν εὐανδρίᾳ.　　　475
Ἐγὼ δὲ νύμφας ἠκροθινιαζόμην,
κήδη συνάψουσ' ἔκ τ' Ἀθηναίων χθονὸς
Σπάρτης τε Θηβῶν θ', ὡς ἀνημμένοι κάλως
πρυμνησίοισι βίον ἔχοιτ' εὐδαίμονα.
Καὶ ταῦτα φροῦδα· μεταβαλοῦσα δ' ἡ τύχη　　480
νύμφας μὲν ὑμῖν Κῆρας ἀντέδωκ' ἔχειν,
ἐμοὶ δὲ δάκρυα λουτρὰ δυστήνῳ φέρειν.

---

52. Le rappel de l'existence passée et la mise en scène des moments où le père jouait à attribuer des villes à ses enfants, tout en leur prêtant la peau du lion ou la massue, contribue au pathétique en même temps qu'il prépare le retour du héros (vers 514 et suivants) et s'oppose au récit de la catastrophe (vers 922 et suivants).

53. Le père, contrairement à l'usage, ce que souligne le vers 475, dote ses trois enfants. Argos, Thèbes, Œchalie appartiennent au passé mythique. La mère surenchérit : Athènes, Sparte et Thèbes sont les villes les plus importantes de la Grèce au moment où la tragédie est représentée. Le prologue, déjà, mais différemment, faisait se succéder passé mythique et présent. Il s'agit d'un trait du genre, mais il dessine ici une plénitude.

Vraiment mes craintes m'emportent très loin de mon attente,   460
Des espoirs qui venaient jadis des paroles de votre père.
À toi, ce père qui est mort voulait te donner Argos
Et tu devais d'Eurysthée gouverner le palais
En exerçant ton pouvoir sur l'Argolide aux beaux fruits :
De la robe de la bête, il couvrait ta tête,   465
Cette peau du lion dont il s'était lui-même revêtu [52].
Toi, tu étais roi de Thèbes, l'amie des chars,
Et tu possédais les plaines de ma patrie, mon héritage ;
Ainsi persuadais-tu qui t'avait engendré ;
Et dans ta main, comme appui,   470
Il faisait tomber la massue, invention et don de Dédale.
À toi, cette ville qu'il avait jadis ruinée de son arc
Frappant de loin, Œchalie, il te la promettait.
Vous étiez trois et dans la triple épaisseur de ces royautés
Votre père vous érigeait ; sa valeur lui faisait voir grand.   475
Moi, comme fiancées je choisissais le dessus du panier
Prenant, pour lier des alliances, à la terre d'Athènes,
À celle de Sparte, à celle de Thèbes, avec l'idée qu'attachés
                                        [par des cordages
Qui arriment, vous auriez une vie heureuse [53].
Maintenant, cela est parti. Le sort s'est renversé   480
Et vous a donné d'avoir les Kères pour fiancées
Et à moi, des larmes pour l'eau lustrale [54] ; je suis détruite
                                        [dans ma vie.

---

54. Les Kères sont ici filles d'Hadès, ce qui ne correspond pas à la généalogie traditionnelle. Euripide construit cette image à partir de la tradition épique (voir par exemple *Iliade*, XXII, 209 et suivants). Le motif de la substitution du rituel funèbre au rituel de mariage (les noces avec Hadès des héroïnes tragiques) sert souvent dans la tragédie à dire le bouleversement des situations. C'est d'autant plus le cas ici que rien du rituel n'est observé : les Kères servent d'épouses, les larmes, d'eau lustrale (normalement destinée au bain des futurs époux), Amphitryon offre le repas de noces, ce sont les fils qui sont amenés au domicile des épouses. La correction *kêdos pikrón*, « parenté douloureuse », pour *kêdos patrós*, « parenté du père », ne s'impose pas : la mort supposée d'Héraclès en fait un parent d'Hadès qui, en tant que père des filles, devrait offrir le repas de noces.

Πατὴρ δὲ πατρὸς ἑστιᾷ γάμους ὅδε,
Ἅιδην νομίζων πενθερὸν κῆδος πατρός.
Ὤμοι, τίν' ὑμῶν πρῶτον ἢ τίν' ὕστατον   485
πρὸς στέρνα θῶμαι ; τῷ προσαρμόσω στόμα ;
τίνος λάβωμαι ; πῶς ἂν ὡς ξουθόπτερος
μέλισσα συνενέγκαιμ' ἂν ἐκ πάντων γόους,
ἐς ἓν δ' ἐνεγκοῦσ' ἀθρόον ἀποδοίην δάκρυ ;
     Ὦ φίλτατ', εἴ τις φθόγγος εἰσακούεται   490
θνητῶν παρ' Ἅιδῃ, σοὶ τάδ', Ἡράκλεις, λέγω·
θνῄσκει πατὴρ σὸς καὶ τέκν', ὄλλυμαι δ' ἐγώ,
ἣ πρὶν μακαρία διὰ σ' ἐκληζόμην βροτοῖς.
Ἄρηξον, ἐλθέ, καὶ σκιὰ φάνηθί μοι·
ἅλις γὰρ ἐλθὼν κἂν ὄναρ γένοιο σύ·   495
κακοὶ γὰρ ἐς σέ γ' οἳ τέκνα κτείνουσι σά.

ΑΜ.   Σὺ μὲν τὰ νέρθεν εὐτρεπῆ ποιοῦ, γύναι.
Ἐγὼ δὲ σ', ὦ Ζεῦ, χεῖρ' ἐς οὐρανὸν δικὼν
αὐδῶ, τέκνοισιν εἴ τι τοισίδ' ὠφελεῖν
μέλλεις, ἀμύνειν, ὡς τάχ' οὐδὲν ἀρκέσεις.   500
Καίτοι κέκλησαι πολλάκις· μάτην πονῶ·
θανεῖν γάρ, ὡς ἔοικ', ἀναγκαίως ἔχει.
     Ἀλλ', ὦ γέροντες, μικρὰ μὲν τὰ τοῦ βίου·
τοῦτον δ' ὅπως ἥδιστα διαπεράσετε,
ἐξ ἡμέρας ἐς νύκτα μὴ λυπούμενοι.   505
Ὡς ἐλπίδας μὲν ὁ χρόνος οὐκ ἐπίσταται
σῴζειν, τὸ δ' αὑτοῦ σπουδάσας διέπτατο.
Ὁρᾶτ' ἔμ' ὥσπερ ἦ περίβλεπτος βροτοῖς
ὀνομαστὰ πράσσων, καί μ' ἀφείλεθ' ἡ τύχη
ὥσπερ πτερὸν πρὸς αἰθέρ' ἡμέρᾳ μιᾷ.   510
Ὁ δ' ὄλβος ὁ μέγας ἥ τε δόξ' οὐκ οἶδ' ὅτῳ

Le père de votre père, ici, invite pour la noce,
Il reconnaît comme beau-père Hadès, parent de votre père.
Douleur ! Lequel de vous en premier, lequel en dernier   485
Mettrai-je contre ma poitrine ? Contre lequel serrerai-je
                                        [mes lèvres ?
Lequel prendrai-je dans mes bras ? Oh ! si, comme l'abeille
                                        [au vol
Sonore, je pouvais recueillir les pleurs de tous
Puis les verser en un point et rendre un pleur unique !
Ô mon très aimé, si peut être entendu le son de ma voix   490
Chez les morts dans l'Hadès, à toi, Héraclès, je veux dire cela :
La mort vient pour ton père et tes enfants et moi, je péris,
Moi qu'auparavant, grâce à toi, on célébrait comme
                              [bienheureuse chez les mortels.
Au secours, viens, que ton ombre, au moins, m'apparaisse !
Car il suffirait que tu viennes, toi, fût-ce en rêve :   495
Ils seraient lâches devant toi ceux qui tuent tes enfants.

AMPHITRYON

Toi, femme, les préparatifs pour les régions d'en bas,
                                        [accomplis-les.
Quant à moi, c'est à toi, Zeus, qu'en lançant mon bras vers
                                        [le ciel
Je donne cet ordre : si tu es disposé à aider ces enfants,
Défends-les, car bientôt il n'y aura pour toi rien à secourir. 500
Mais on t'a appelé souvent ; c'est en vain que je m'use.
La mort, à ce qu'il semble, est nécessaire.
Oui, vieillards, la vie est courte.
Vous l'aurez traversée avec la plus grande part possible
                                        [de plaisirs
Si du matin au soir vous avez évité la souffrance.   505
Car nos espérances, le temps ne sait pas
Les sauver ; tout occupé à son affaire, il s'envole.
Voyez. Moi j'étais regardé de tous les mortels,
Mes succès étaient célèbres et le malheur m'a emporté,
Comme plume dans les airs, en un seul jour.   510
La grande prospérité, la réputation, je ne sais à qui

βέβαιός ἐστι. Χαίρετ᾽· ἄνδρα γὰρ φίλον
πανύστατον νῦν, ἥλικες, δεδόρκατε.

ΜΕ. Ἔα·
ὦ πρέσβυ, λεύσσω τἀμὰ φίλτατ᾽; ἢ τί φῶ;

ΑΜ. Οὐκ οἶδα, θύγατερ· ἀφασία δὲ κἄμ᾽ ἔχει.   515

ΜΕ. Ὅδ᾽ ἐστὶν ὃν γῆς νέρθεν εἰσηκούομεν,
εἰ μή γ᾽ ὄνειρον ἐν φάει τι λεύσσομεν.
Τί φημί; ποῖ ὄνειρα κηραίνουσ᾽ ὁρῶ;
οὐκ ἔσθ᾽ ὅδ᾽ ἄλλος ἀντὶ σοῦ παιδός, γέρον.
Δεῦρ᾽, ὦ τέκν᾽, ἐκκρήμνασθε πατρῴων πέπλων,   520
ἴτ᾽ ἐγκονεῖτε, μὴ μεθῆτ᾽, ἐπεὶ Διὸς
Σωτῆρος ὑμῖν οὐδέν ἐσθ᾽ ὅδ᾽ ὕστερος.

ΗΡΑΚΛΗΣ
Ὦ χαῖρε, μέλαθρον πρόπυλά θ᾽ ἑστίας ἐμῆς,
ὡς ἄσμενός σ᾽ ἐσεῖδον ἐς φάος μολών.
Ἔα· τί χρῆμα; τέκν᾽ ὁρῶ πρὸ δωμάτων   525
στολμοῖσι νεκρῶν κρᾶτας ἐξεστεμμένα,
ὄχλῳ τ᾽ ἐν ἀνδρῶν τὴν ἐμὴν ξυνάορον
πατέρα τε δακρύοντα συμφορὰς τίνας;
Φέρ᾽ ἐκπύθωμαι τῶνδε πλησίον σταθείς·
γύναι, τί καινὸν ἦλθε δώμασιν χρέος;   530

ΜΕ. Ὦ φίλτατ᾽ ἀνδρῶν...

ΑΜ. Ὦ φάος μολὼν πατρί...

ΜΕ. ἥκεις, ἐσώθης εἰς ἀκμὴν ἐλθὼν φίλοις;

Elles sont assurées. Adieu. Car votre ami,
Vous le voyez, mes compagnons, pour la toute dernière fois.

MÉGARA

Ah !
Vieil homme, je vois qui m'est le plus cher ! Sinon, que dire ?

AMPHITRYON

Je ne sais pas, ma fille ; moi aussi, j'ai la parole coupée.   515

MÉGARA

Il est ici, celui dont on disait qu'il était sous la terre
Ou bien c'est un rêve apparu en plein jour que nous voyons.
Que dis-je ? Quels rêves mon cœur inquiet me fait-il voir ?
Cet homme n'est autre que ton fils, vieillard.
Ici, mes enfants, accrochez-vous aux vêtements de votre père,   520
Allez, vite, ne le lâchez pas, car à Zeus
Sauveur, pour vous défendre, cet homme ne le cède en rien.

HÉRACLÈS

Je te salue, demeure, et toi, porte de mon foyer ;
Comme je suis joyeux de vous regarder, en revenant à
                                              [la lumière !
Ah ! Qu'est-ce ? Je vois mes enfants devant la maison,   525
La tête ceinte du bandeau des morts
Et au milieu d'hommes, mon épouse
Et mon père en larmes. Pour quel malheur ?
Allons ! Que je m'approche et m'informe ;
Femme, quel événement est survenu dans ma maison ?   530

MÉGARA

Ô toi, le plus chéri des hommes…

AMPHITRYON

Ô toi qui reviens comme la lumière pour ton père…

MÉGARA

Tu es là, tu es sain et sauf et tu reviens à point pour les tiens !

ΗΡ. Τί φῄς ; τίν᾽ ἐς ταραγμὸν ἥκομεν, πάτερ ;

ΜΕ. Διωλλύμεσθα· σὺ δέ, γέρον, σύγγνωθί μοι,
εἰ πρόσθεν ἥρπασ᾽ ἃ σὲ λέγειν πρὸς τόνδ᾽ ἐχρῆν·   535
τὸ θῆλυ γάρ πως μᾶλλον οἰκτρὸν ἀρσένων,
καὶ τἄμ᾽ ἔθνησκε τέκν᾽, ἀπωλλύμην δ᾽ ἐγώ.

ΗΡ. Ἄπολλον, οἵοις φροιμίοις ἄρχῃ λόγου.

ΜΕ. Τεθνᾶσ᾽ ἀδελφοὶ καὶ πατὴρ οὑμὸς γέρων.

ΗΡ. Πῶς φῄς ; τί δράσας ἢ δορὸς ποίου τυχών ;   540

ΜΕ. Λύκος σφ᾽ ὁ καινὸς γῆς ἄναξ διώλεσεν.

ΗΡ. Ὅπλοις ἀπαντῶν ἢ νοσησάσης χθονός ;

ΜΕ. στάσει· τὸ Κάδμου δ᾽ ἑπτάπυλον ἔχει κράτος.

ΗΡ. Τί δῆτα πρὸς σὲ καὶ γέροντ᾽ ἦλθεν φόβος ;

ΜΕ. Κτείνειν ἔμελλε πατέρα κἀμὲ καὶ τέκνα.   545

HÉRACLÈS

Que veux-tu dire ? Au milieu de quelle agitation arrivons-
[nous, mon père ?

MÉGARA

Nous étions perdus. Toi, vieil homme, pardonne-moi
Si, te devançant, je te ravis la réponse que tu devais lui faire ; 535
La femme est plus spontanée que les hommes à dire sa
[douleur.
Mes enfants mouraient et moi, j'étais perdue.

HÉRACLÈS

Apollon ! Par quel prélude ouvres-tu ton discours ?

MÉGARA

Mes frères sont morts ainsi que mon vieux père.

HÉRACLÈS

Que dis-tu ? Qu'a-t-il fait, qui l'a frappé ?   540

MÉGARA

Lycos, le nouveau chef de ce pays, l'a tué.

HÉRACLÈS

Dans un conflit armé ou parce que le pays était malade ?

MÉGARA

Malade de ses dissensions ; de Cadmos, il détient le pouvoir
[aux sept portes.

HÉRACLÈS

Mais pourquoi donc toi et le vieillard avez-vous été pris
[d'effroi ?

MÉGARA

Il allait nous tuer, ton père et moi, et aussi les enfants.   545

ΗΡ. Τί φής ; τί ταρβῶν ὀρφάνευμ' ἐμῶν τέκνων ;

ΜΕ. μή ποτε Κρέοντος θάνατον ἐκτισαίατο.

ΗΡ. Κόσμος δὲ παίδων τίς ὅδε νερτέροις πρέπων ;

ΜΕ. Θανάτου τάδ' ἤδη περιβόλαι' ἀνήμμεθα.

ΗΡ. Καὶ πρὸς βίαν ἐθνῄσκετ' ; ὦ τλήμων ἐγώ.   550

ΜΕ. Φίλων ἔρημοι· σὲ δὲ θανόντ' ἠκούομεν.

ΗΡ. Πόθεν δ' ἐς ὑμᾶς ἥδ' ἐσῆλθ' ἀθυμία ;

ΜΕ. Εὐρυσθέως κήρυκες ἤγγελλον τάδε.

ΗΡ. Τί δ' ἐξελείπετ' οἶκον ἑστίαν τ' ἐμήν ;

ΜΕ. Βίᾳ, πατὴρ μὲν ἐκπεσὼν στρωτοῦ λέχους...   555

ΗΡ. Κοὐκ ἔσχεν αἰδῶ τὸν γέροντ' ἀτιμάσαι ;

HÉRACLÈS

Qu'est-ce que tu dis ? Que craignait-il ? Mes enfants
[étaient orphelins.

MÉGARA

Qu'un jour ils ne vengent la mort de Créon.

HÉRACLÈS

Et quelle est cette parure que portent mes enfants ? C'est
[aux morts qu'elle convient !

MÉGARA

Ces ornements de la mort, déjà, nous les leur avions attachés.

HÉRACLÈS

Et vous mouriez soumis par la force ? Ô malheur !   550

MÉGARA

Désertés des amis. Et de ta mort, nous entendions parler.

HÉRACLÈS

D'où vous est venu ce découragement ?

MÉGARA

D'Eurysthée : ses hérauts annonçaient cette nouvelle.

HÉRACLÈS

Pourquoi avoir quitté la maison et mon foyer ?

MÉGARA

Violence. Ton père a été jeté hors de son lit…   555

HÉRACLÈS

Et il n'a pas eu de gêne à déshonorer un vieillard ?

ΜΕ.   Αἰδώς γ' ἀποικεῖ τῆσδε τῆς θεοῦ πρόσω.

ΗΡ.   Οὕτω δ' ἀπόντες ἐσπανίζομεν φίλων ;

ΜΕ.   Φίλοι γάρ εἰσιν ἀνδρὶ δυστυχεῖ τίνες ;

ΗΡ.   Μάχας δὲ Μινυῶν ἃς ἔτλην ἀπέπτυσαν ;   560

ΜΕ.   Ἄφιλον, ἵν' αὖθίς σοι λέγω, τὸ δυστυχές.

ΗΡ.   Οὐ ῥίψεθ' Ἅιδου τάσδε περιβολὰς κόμης,
       καὶ φῶς ἀναβλέψεσθε τοῦ κάτω σκότους
       φίλας ἀμοιβὰς ὄμμασιν δεδορκότες ;
       Ἐγὼ δέ — νῦν γὰρ τῆς ἐμῆς ἔργον χερός —   565
       πρῶτον μὲν εἶμι καὶ κατασκάψω δόμους
       καινῶν τυράννων, κρᾶτα δ' ἀνόσιον τεμὼν
       ῥίψω κυνῶν ἕλκημα· Καδμείων δ' ὅσους
       κακοὺς ἐφηῦρον εὖ παθόντας ἐξ ἐμοῦ,
       τῷ καλλινίκῳ τῷδ' ὅπλῳ χειρώσομαι·   570
       τοὺς δὲ πτερωτοῖς διαφορῶν τοξεύμασι
       νεκρῶν ἅπαντ' Ἰσμηνὸν ἐμπλήσω φόνου,

---

55. Qui est cette déesse ? Pour certains, que j'ai suivis dans la traduction, c'est *Bía*, la Violence. Le mot, qui est aussi un nom commun,
est utilisé comme tel au vers 555. D'autres pensent que c'est *Aidôs*, la
divinité du scrupule, de la réserve, de la gêne, et corrigent en *Aidô*,
accusatif, ou introduisent un point d'interrogation après *Aidôs*. On
fait de Lycos le sujet de *apoikeî* : « La gêne ? Il habite loin de cette
divinité. ». La reprise du mot serait, comme le veut ce type
d'échanges, une réaction au vers 556. Dans les deux cas, le passage
du nom commun au nom propre constitue un changement de ton que
les corrections ont cherché à éviter, bien qu'il fût probablement plus
aisé en grec. On peut conserver le texte *Aidôs gè* du manuscrit L ; *gè*
souligne la reprise. *Aidôs* est le sujet de *apoikeî* ; la déesse est Violence.
Mégara énoncerait une vérité générale sur l'incompatibilité de la violence et de la réserve, qui fait sens au-delà de ce passage. Les vers 559
et 561, également prononcés par Mégara, sont aussi des maximes.

MÉGARA

La gêne, dis-tu ? Elle habite bien loin de cette déesse [55] !

HÉRACLÈS

Étions-nous, pendant notre absence, à ce point pauvres
[en amis ?

MÉGARA

Des amis pour l'homme malheureux ? Lesquels ?

HÉRACLÈS

Et mes combats contre les Minyens [56], ils crachaient   560
[dessus ?

MÉGARA

Il est sans amis, pour te le redire, le malheur.

HÉRACLÈS

N'allez-vous pas arracher de vos cheveux ces rubans
[d'Hadès
Et la lumière la voir comme si après l'ombre d'en-bas,
Vous voyiez de vos yeux sa douce récompense ?
Moi – car c'est désormais à mon bras d'agir –,   565
Je vais d'abord aller détruire entièrement le palais
Du nouveau roi et, après avoir tranché sa tête sacrilège,
Je la jetterai aux chiens à déchirer ; des Cadméens
[tous ceux
Que j'aurai convaincu de lâcheté après qu'ils avaient
[profité de mes services,
Avec ma massue de belle victoire, je les soumettrai ;   570
Les autres je les écharperai avec mes flèches ailées,
Et je remplirai tout l'Isménos d'un carnage de cadavres

---

56. Voir ci-dessus la note 9.

Δίρκης τε νᾶμα λευκὸν αἱμαχθήσεται.
Τῷ γάρ μ' ἀμύνειν μᾶλλον ἢ δάμαρτι χρὴ
καὶ παισὶ καὶ γέροντι ; χαιρόντων πόνοι·   575
μάτην γὰρ αὐτοὺς τῶνδε μᾶλλον ἤνυσα.
Καὶ δεῖ μ' ὑπὲρ τῶνδ', εἴπερ οἶδ' ὑπὲρ πατρός,
θνῄσκειν ἀμύνοντ'· ἢ τί φήσομεν καλὸν
ὕδρᾳ μὲν ἐλθεῖν ἐς μάχην λέοντί τε
Εὐρυσθέως πομπαῖσι, τῶν δ' ἐμῶν τέκνων   580
οὐκ ἐκπονήσω θάνατον ; οὐκ ἄρ' Ἡρακλῆς
ὁ καλλίνικος ὡς πάροιθε λέξομαι.

ΧΟ. Δίκαια τοὺς τεκόντας ὠφελεῖν τέκνα
πατέρα τε πρέσβυν τήν τε κοινωνὸν γάμων.

ΑΜ. Πρὸς σοῦ μέν, ὦ παῖ, τοῖς φίλοις εἶναι φίλον   585
τά τ' ἐχθρὰ μισεῖν· ἀλλὰ μὴ 'πείγου λίαν.

ΗΡ. Τί δ' ἐστὶ τῶνδε θᾶσσον ἢ χρεών, πάτερ ;

ΑΜ. Πολλοὺς πένητας, ὀλβίους δὲ τῷ λόγῳ
δοκοῦντας εἶναι συμμάχους ἄναξ ἔχει,
οἳ στάσιν ἔθηκαν καὶ διώλεσαν πόλιν   590

---

57. Héraclès ne peut comprendre que sa famille ait été soumise
à la violence (vers 550), qui est son apanage ; pas plus qu'il ne comprend qu'elle ait pu être « déserté[e] des amis » (vers 551). Il annonce
son intention de déployer, non seulement contre Lycos mais aussi
contre les ingrats, une violence totale, de tous les châtier comme seul
Zeus serait censé le faire. Achille, dans l'*Iliade* (voir par exemple
XXIII, 21 et suivants), agit ainsi contre les Troyens qui ont tué
Patrocle et, dans l'*Odyssée*, Ulysse anéantit les prétendants avec la
même démesure.

58. Après l'expression de violence qui précède, le ton de ce passage très rhétorique, et dont le chœur (aux vers 583-584) souligne la
platitude, surprend. Cette tirade très construite prendra par la suite
une valeur prédictive : avec « massue » et « arc », le héros déploiera
finalement une violence de ce type et son action fera perdre tout sens
au nom qu'on continuera de lui attribuer (voir l'Introduction et
ci-dessus la note 37).

Et la source claire de Dircé sera rouge de sang [57].
Car qui me dois-je de protéger davantage que mon épouse,
Mes enfants et ce vieillard ? Disparaissez, mes travaux !   575
Car je les aurai accomplis en vain si je ne fais pas ça.
Oui, pour eux, je dois, comme ils l'auraient fait pour
                                            [leur père,
Mourir en les défendant. Sinon, comment dire que c'est
                                            [un exploit
D'être allé combattre l'hydre ou le lion
Dans mes expéditions pour Eurysthée, si je ne fais pas tout   580
Pour empêcher la mort de mes enfants ? Alors « Héraclès
À la belle victoire », on ne dira plus cela comme avant [58].

LE CORYPHÉE

C'est justice que les pères aident leurs enfants,
Leur vieux père et leur compagne d'union.

AMPHITRYON

Cela te va bien, mon fils, d'être l'ami de tes amis   585
Et de faire du mal à tes ennemis [59]. Mais ne te presse pas
                                            [trop.

HÉRACLÈS

En quoi, mon père, mes projets sont-ils plus précipités
                                            [que nécessaire ?

AMPHITRYON

Beaucoup de gens pauvres mais qui, se disant riches,
Ont l'air de l'être, sont des alliés du roi.
Ils ont créé des divisions et ont anéanti la cité   590

----

59. C'est, dans la Grèce ancienne, la définition traditionnelle de
l'action juste.

ἐφ' ἁρπαγαῖσι τῶν πέλας, τὰ δ' ἐν δόμοις
δαπάναισι φροῦδα διαφυγόνθ' ὑπ' ἀργίας.
Ὤφθης ἐσελθὼν πόλιν· ἐπεὶ δ' ὤφθης, ὅρα
ἐχθροὺς ἀθροίσας μὴ παρὰ γνώμην πέσῃς.

ΗΡ. Μέλει μὲν οὐδὲν εἴ με πᾶσ' εἶδεν πόλις·   595
ὄρνιν δ' ἰδών τιν' οὐκ ἐν αἰσίοις ἕδραις,
ἔγνων πόνον τιν' ἐς δόμους πεπτωκότα·
ὥστ' ἐκ προνοίας κρύφιος εἰσῆλθον χθόνα.

ΑΜ. Καλῶς· προσελθὼν νῦν πρόσειπέ θ' ἑστίαν
καὶ δὸς πατρῴοις δώμασιν σὸν ὄμμ' ἰδεῖν.   600
Ἥξει γὰρ αὐτὸς σὴν δάμαρτα καὶ τέκνα
ἕλξων φονεύσων, κἄμ' ἐπισφάξων ἄναξ·
μένοντι δ' αὐτοῦ πάντα σοι γενήσεται
τῇ τ' ἀσφαλείᾳ κερδανεῖς· πόλιν δὲ σὴν
μὴ πρὶν ταράξῃς πρὶν τόδ' εὖ θέσθαι, τέκνον.   605

ΗΡ. Δράσω τάδ'· εὖ γὰρ εἶπας· εἶμ' ἔσω δόμων.
Χρόνῳ δ' ἀνελθὼν ἐξ ἀνηλίων μυχῶν
Ἅιδου Κόρης <τ'> ἔνερθεν, οὐκ ἀτιμάσω
θεοὺς προσειπεῖν πρῶτα τοὺς κατὰ στέγας.

ΑΜ. Ἦλθες γὰρ ὄντως δώματ' εἰς Ἅιδου, τέκνον ;   610

---

60. Ce développement politique sur les dissensions qui règnent
dans la cité est cohérent avec le prologue (voir les vers 32-35 et
ci-dessus la note 5) où Euripide retraduisait en termes contemporains
– cette sédition de la jeunesse devait évoquer pour les spectateurs du
Vᵉ siècle certains épisodes de leur histoire – la crise qui avait amené
Lycos au pouvoir. On voit que, pour Euripide, la réalité de son
époque est un matériau comme le sont la mythologie ou la philosophie.

61. Héraclès, dont le premier *stasimon* a rappelé la force, les
actions et les déplacements prodigieux, doit pour affronter Lycos
cesser d'être Héraclès et devenir rusé ; comme s'il passait, en termes
homériques, du modèle d'Achille au modèle d'Ulysse.

Pour piller le bien d'autrui ; leur maison,
Partie en dépenses, avait disparu pour cause d'oisiveté [60].
On t'a vu entrer dans la ville ; puisqu'on t'a vu, fais attention :
Si tu as laissé tes ennemis se regrouper, tu peux être frappé
[par surprise.

HÉRACLÈS

Peu m'importerait si la ville tout entière m'avait vu,   595
Mais pour avoir vu un oiseau à un endroit qui n'était pas bon,
J'ai compris qu'un malheur avait frappé ma maison
Et par précaution, je suis entré secrètement dans le pays [61].

AMPHITRYON

Bonne chose. Entre maintenant, va saluer ton foyer
Et donne à la maison familiale ton visage à voir ;   600
Car il va venir en personne pour ta femme et tes enfants,
Pour les traîner, pour les tuer et m'égorger, le roi !
Si tu l'attends là, à l'intérieur, tout réussira pour toi
Et tu tireras profit d'être en lieu sûr. Ta ville,
Ne la bouleverse pas avant d'avoir réglé cela, mon enfant.   605

HÉRACLÈS

J'agirai ainsi ; tu as raison. J'entrerai dans le palais.
Enfin revenu des profondeurs sans soleil
D'Hadès et de Koré [62], sous la terre, je ne refuserai pas
[d'honorer
Les dieux de ma maison en les saluant en premier.

AMPHITRYON

Tu es vraiment allé chez Hadès, mon enfant ?   610

---

62. Il s'agit de la fille de Déméter, Perséphone, souvent appelée
de ce nom qui signifie « la Vierge » ; elle avait été enlevée par le dieu
des Enfers. Au moment où Héraclès va entrer dans sa maison, le texte
multiplie les références au monde des morts.

ΗΡ. Καὶ θῆρά γ᾽ ἐς φῶς τὸν τρίκρανον ἤγαγον.

ΑΜ. Μάχῃ κρατήσας ἢ θεᾶς δωρήμασιν ;

ΗΡ. Μάχῃ· τὰ μυστῶν δ᾽ὄργι᾽ εὐτύχησ᾽ ἰδών.

ΑΜ. Ἦ καὶ κατ᾽ οἴκους ἐστὶν Εὐρυσθέως ὁ θήρ ;

ΗΡ. Χθονίας νιν ἄλσος Ἑρμιών τ᾽ ἔχει πόλις.   615

ΑΜ. Οὐδ᾽ οἶδεν Εὐρυσθεύς σε γῆς ἥκοντ᾽ ἄνω ;

ΗΡ. Οὐκ οἶδ᾽, ἵν᾽ ἐλθὼν τἀνθάδ᾽ εἰδείην πάρος.

ΑΜ. Χρόνον δὲ πῶς τοσοῦτον ἦσθ᾽ ὑπὸ χθονί ;

ΗΡ. Θησέα κομίζων ἐχρόνισ᾽ <ἐξ> Ἅιδου, πάτερ.

ΑΜ. Καὶ ποῦ ᾽στιν ; ἢ γῆς πατρίδος οἴχεται πέδον ;   620

---

63. Voir les vers 24, 425 et suivants, 1277-1278 et 1386-1388. Le
chien d'Hadès empêchait les morts de remonter à la surface. Sa présence sur terre modifie les relations entre vie et mort. Héraclès dispose
désormais de l'animal symbolique du dieu des morts.

64. Les mystères d'Éleusis (localité proche d'Athènes) étaient
consacrés à Déméter et à sa fille. L'initiation permettait de
« voir » « les choses sacrées » et d'espérer un au-delà heureux. Il existait une tradition remontant au VIᵉ siècle selon laquelle Héraclès
aurait participé à ces mystères. Euripide l'utilise très librement.

65. La « chtonienne » (de chtôn, « la terre », perçue en tant que
surface extérieure du monde des puissances souterraines et des morts)
est Déméter, mère de Perséphone (voir ci-dessus la note 62) ; Hermione est une cité de l'Argolide située non loin de Trézène, où l'on
rendait un culte à Déméter chtonienne. Héraclès n'a donc pas remis
Cerbère à Eurysthée, le commanditaire, ni mené jusqu'à son terme cet
ultime travail (voir les vers 1386-1388).

HÉRACLÈS

Et j'ai ramené à la lumière le monstre aux trois têtes [63].

AMPHITRYON

En le gagnant au combat ou bien comme présent de la
[déesse ?

HÉRACLÈS

Par un combat ; j'ai vu les rites des initiés [64], et j'ai réussi.

AMPHITRYON

Est-ce qu'il est bien dans le palais d'Eurysthée, ce monstre ?

HÉRACLÈS

Le bois de la Chtonienne [65] et la cité d'Hermione le retiennent. 615

AMPHITRYON

Et Eurysthée ne sait pas que tu es remonté de sous la terre ?

HÉRACLÈS

Non. Je voulais venir ici d'abord pour voir la situation.

AMPHITRYON

Pourquoi es-tu resté tout ce temps sous la terre ?

HÉRACLÈS

J'ai fait sortir Thésée des Enfers [66] ; cela m'a pris du
[temps.

AMPHITRYON

Et où est-il ? Est-il parti pour sa patrie ?   620

---

66. Cette première mention de Thésée prépare l'arrivée du héros
athénien après la catastrophe : vers 1163 et suivants. Thésée, selon certaines traditions, était descendu aux Enfers avec son ami Pirithoos
qui voulait épouser Perséphone. Le lien avec l'épisode de Cerbère
n'est pas attesté et peut être une invention d'Euripide.

ΗΡ. Βέβηκ' Ἀθήνας νέρθεν ἄσμενος φυγών.
  Ἀλλ' εἶ', ὁμαρτεῖτ', ὦ τέκν', ἐς δόμους πατρί·
  καλλίονές τἄρ' εἴσοδοι τῶν ἐξόδων
  πάρεισιν ὑμῖν. Ἀλλὰ θάρσος ἴσχετε
  καὶ νάματ' ὅσσων μηκέτ' ἐξανίετε.   625
  Σύ τ', ὦ γύναι μοι, σύλλογον ψυχῆς λαβὲ
  τρόμου τε παῦσαι, καὶ μέθεσθ' ἐμῶν πέπλων·
  οὐ γὰρ πτερωτὸς οὐδὲ φευξείω φίλους.
  Ἄ,
  οἵδ' οὐκ ἀφιᾶσ', ἀλλ' ἀνάπτονται πέπλων
  τοσῷδε μᾶλλον· ὧδ' ἔβητ' ἐπὶ ξυροῦ ;   630
  ἄξω λαβών γε τούσδ' ἐφολκίδας χεροῖν,
  ναῦς δ' ὣς ἐφέλξω· καὶ γὰρ οὐκ ἀναίνομαι
  θεράπευμα τέκνων. Πάντα τἀνθρώπων ἴσα·
  φιλοῦσι παῖδας οἵ τ' ἀμείνονες βροτῶν
  οἵ τ' οὐδὲν ὄντες· χρήμασιν δὲ διάφοροι·   635
  ἔχουσιν, οἱ δ' οὔ· πᾶν δὲ φιλότεκνον γένος.

ΧΟ. Ἀ νεότας μοι φίλον αἰεί· τὸ δὲ γῆρας ἄχθος   Str. 1.
  βαρύτερον Αἴτνας σκοπέλων
  ἐπὶ κρατὶ κεῖται, βλεφάρῳ σκοτεινόν   640
  φάρος ἐπικαλύψαν.

---

67. Les vers commentent les gestes des personnages. L'image des
vers 631-632, appuyée par les vérités générales qui suivent, sera
reprise, mais en quelque sorte inversée, à la fin de la tragédie (vers
1424 également suivi d'une maxime). Si, par delà les conditions, ce
qui définit l'humanité est d'aimer ses enfants, le meurtre des enfants
exclut Héraclès du monde des hommes. L'ironie est constamment présente dans cette partie du deuxième épisode.

68. La *néotas*, « la nouveauté », capacité à innover, renouvellement
constant, n'est pas *hèbè*, « la jeunesse », dont à la fin du premier *stasimon*
(vers 436-441) le chœur, qui voulait agir, regrettait la disparition ; elle en
est une manifestation et s'oppose ici à *géras*, « la vieillesse », ressentie
comme un écrasement progressif de l'être. La réflexion du chœur est
passée du point de vue de l'action à celui de l'expérience vécue. Un
mythe raconte que le géant Typhée, fils de Terre, fut emprisonné sous
l'Etna par Zeus ; de même Encelade, un autre géant, fut écrasé sous
l'Etna par Athéna (voir le vers 907 et la note 95).

HÉRACLÈS

Oui, il est à Athènes, content d'avoir échappé aux Enfers.
Allez, enfants, vers la maison, emboîtez le pas à votre père ;
Plus belle votre entrée, à coup sûr, comparée à la sortie
Que vous avez eue ! Allons, ayez confiance
Et les sources des yeux, ne les laissez plus couler.   625
Toi, mon épouse, rassemble tes esprits
Et cesse de trembler ; retirez-vous de mes vêtements !
Je n'ai pas d'ailes et je n'ai pas envie de fuir mes proches.
Mais quoi !
Ils ne me lâchent pas, ils s'accrochent à mes vêtements
De plus belle ! Vous étiez donc à ce point sur le fil ?   630
Je vais les conduire, en les prenant par les mains, petites
                                                            [barques
Que je traînerai tel un gros bateau ; je ne refuse pas
Le soin des enfants. Dans tout ce qui est propre aux hommes,
                                                    [il y a égalité.
Aiment leurs enfants et les meilleurs des mortels
Et ceux qui ne sont rien. Dans les biens, il y a des différences : 635
Certains ont, d'autres pas. Mais tout le genre humain
                                            [aime ses enfants [67].

Deuxième stasimon

J'aime la nouveauté ; mais la vieillesse, fardeau
Continuellement plus lourd que les rocs de l'Etna,
Est déposée sur ma tête [68] ; des paupières   640
Elle couvre le voile noir [69].
Moi, ni pour l'aisance

---

69. Il n'est pas nécessaire de corriger le texte : l'adjectif *skotei-nòn*, « noir », est résultatif. Chez Homère, quand un guerrier meurt, on dit que « l'ombre », *skótos*, couvre ses paupières. Les yeux des vieillards sont doublement couverts, par les paupières et par une vieillesse qui équivaut à la mort : au vers 649, il est dit de la vieillesse qu'elle est *phónion* : « elle tue ».

Μή μοι μήτ' Ἀσιήτιδος
τυραννίδος ὄλβος εἴη,
μὴ χρυσοῦ δώματα πλήρη   645
τᾶς ἥβας ἀντιλαβεῖν,
ἃ καλλίστα μὲν ἐν ὄλβῳ,
καλλίστα δ' ἐν πενίᾳ.
Τὸ δὲ λυγρὸν φόνιόν τε γῆ-
ρας μισῶ· κατὰ κυμάτων δ'   650
ἔρροι, μηδέ ποτ' ὤφελεν
θνατῶν δώματα καὶ πόλεις
ἐλθεῖν, ἀλλὰ κατ' αἰθέρ' αἰ-
εὶ πτεροῖσι φορείσθω.   654

Εἰ δὲ θεοῖς ἦν ξύνεσις καὶ σοφία κατ' ἄνδρας,   Ant.
δίδυμον ἂν ἥβαν ἔφερον
φανερὸν χαρακτῆρ' ἀρετᾶς ὅσοισιν
μέτα, κατθανόντες τ'   660
εἰς αὐγὰς πάλιν ἁλίου
δισσοὺς ἂν ἔβαν διαύλους,
ἁ δυσγένεια δ' ἁπλᾶν ἂν
εἶχε ζωᾶς βιοτάν,
καὶ τῷδ' <ἦν> τούς τε κακοὺς ἂν   665
γνῶναι καὶ τοὺς ἀγαθούς,

---

70. Le bonheur, fait d'aisance et de réussite, des rois d'Asie était
proverbial. La jeunesse est ici érigée en valeur absolue.

D'une royauté d'Asie [70]
Ni pour un palais rempli d'or 645
Je n'échangerais la jeunesse,
Le plus beau dans l'aisance,
Le plus beau dans la pauvreté.
Au contraire, la vieillesse triste et qui tue,
Je la déteste. Sous la mer ! 650
Qu'elle aille à sa perte !
Ah ! qu'elle ne fût jamais,
Dans les demeures et les cités des hommes,
Allée mais que dans l'éther, toujours,
Ses ailes l'eussent emportée.

Si les dieux avaient une compréhension et un savoir-faire 655
[adaptés aux hommes,
Ils donneraient une deuxième jeunesse,
marque distinctive de la vertu, à ceux qui
la possèdent et †bien que mortels [71]† 660
Ceux-là, en remontant vers les rayons du soleil,
Courraient une double course.
La mauvaise graine aurait
Une durée de vie simple.
Et de cette manière, les mauvais, on pourrait 665
Les distinguer des bons.

---

71. Le chœur regrette que la jeunesse ne soit pas instituée, par les dieux, en critère de distinction des « mauvais » et des « bons », deux adjectifs qui, dans la Grèce ancienne, ne s'entendent pas seulement d'un point de vue moral mais aussi d'un point de vue social. Au vers 660, les corrections, proposées pour des raisons métriques, ont orienté la compréhension dans le sens d'une référence aux théories de la métempsycose (on renaît pour vivre une seconde vie, meilleure, si l'on a été juste, pire, dans le cas contraire). Mais le texte du manuscrit L – que je choisis de traduire – ne dit pas cela : c'est dans le cadre de la même existence que les vieillards du chœur voudraient voir « les bons » récompensés. Au lieu du déclin vers la vieillesse, le « bon » remonterait vers le départ (la naissance, « les rayons du soleil ») et vivrait une seconde jeunesse ; ce rajeunissement, visible pour les autres, distinguerait.

ἴσον ἅτ᾽ ἐν νεφέλαισιν ἄ-
στρων ναύταις ἀριθμὸς πέλει.
Νῦν δ᾽ οὐδεὶς ὅρος ἐκ θεῶν
χρηστοῖς οὐδὲ κακοῖς σαφής,   670
ἀλλ᾽ εἰλισσόμενός τις αἰ-
ὼν πλοῦτον μόνον αὔξει.

Οὐ παύσομαι τὰς Χάριτας   Str. 2.
Μούσαις συγκαταμειγνύς,
ἁδίσταν συζυγίαν.   675
Μὴ ζῴην μετ᾽ ἀμουσίας,
αἰεὶ δ᾽ ἐν στεφάνοισιν εἴην.
Ἔτι τοι γέρων ἀοιδὸς
κελαδεῖ Μναμοσύναν·
ἔτι τὰν Ἡρακλέους   680
καλλίνικον ἀείσω.
Παρά τε Βρόμιον οἰνοδόταν
παρά τε χέλυος ἑπτατόνου
μολπὰν καὶ Λίβυν αὐλόν,
οὔπω καταπαύσομεν   685
Μούσας, αἵ μ᾽ ἐχόρευσαν.

Παιᾶνα μὲν Δηλιάδες   Ant. 2
ὑμνοῦσ᾽ ἀμφὶ πύλας τὸν
Λατοῦς εὔπαιδα γόνον

---

72. Eurynomé, fille d'Océan, s'unit à Zeus et donne naissance
aux trois Grâces qui confèrent la beauté et sont en rapport avec le
chant et la danse. Les neuf Muses, elles, naissent de l'union de Zeus
et Mnémosyne, la Mémoire ; leur fonction première est de chanter et
de danser sur terre ou sur l'Olympe, souvent en compagnie d'Apollon. Pour conserver la beauté et ne pas vieillir, le chœur formule le
souhait de continuer à participer à toutes les occasions où, avec le
port de couronnes, le chant et la danse s'imposaient : chœurs tragiques, banquets (voir l'allusion, aux vers 682-683, au Dionysos des
banquets), fêtes de victoire. Pour célébrer la grandeur d'Héraclès, lui,
chœur tragique, se rêve épique, l'égal d'Homère dont les préludes
convoquent la Muse.

Ce serait comme dans la nuit
Le chiffre des étoiles pour les marins.
Mais, en réalité, aucune marque envoyée par les dieux
Qui soit claire pour les bons et les mauvais.   670
Et la vie pirouette,
N'augmentant que la richesse.

Je ne veux pas cesser de mêler
Les Grâces aux Muses,
Attelage très doux[72] *!*   675
Ne pas vivre sans les Muses !
Toujours porter des couronnes !
Le vieux poète
Célèbre encore Mnémosyne,
Héraclès à la belle victoire,   680
Je veux le chanter encore.
Près de Bromios qui donne le vin[73]*,*
Avec les chœurs de la lyre aux sept cordes,
Avec la flûte libyenne,
Nous ne voulons pas encore arrêter   685
Les Muses qui m'ont fait danser.

Le péan, les Déliennes
Le chantent autour des portes de son temple
Pour l'enfant de Léto, un bel enfant.

---

73. Voir la note ci-dessus. *Bromios*, l'un des noms que l'on attribue à Dionysos, souligne son caractère « bruyant » (c'est le sens de l'épithète) de dieu de la fête et de la musique. Plus loin dans la pièce, Héraclès aura affaire au Dionysos du délire, et la danse et les flûtes joueront un rôle dans la folie que Lyssa lui enverra (voir les vers 871 et 891). Si la danse est la régularité qui combat les désordres de l'*aiôn*, « la vie » (vers 672), elle porte en elle la possibilité du désordre et du délire. Le langage dépasse l'intentionnalité du locuteur et prophétise la catastrophe.

είλίσσουσαι καλλίχοροι·   690
παιᾶνας δ’ ἐπὶ σοῖς μελάθροις
κύκνος ὣς γέρων ἀοιδὸς
πολιᾶν ἐκ γενύων
κελαδήσω· τὸ γὰρ εὖ
τοῖς ὕμνοισιν ὑπάρχει.   695
Διὸς ὁ παῖς· τᾶς δ’ εὐγενίας
πλέον ὑπερβάλλων <ἀρετᾷ>
μοχθήσας τὸν ἄκυμον
θῆκεν βίοτον βροτοῖς
πέρσας δείματα θηρῶν.   700

ΛΥΚ. Ἐς καιρὸν οἴκων, Ἀμφιτρύων, ἔξω περᾷς·
χρόνος γὰρ ἤδη δαρὸς ἐξ ὅτου πέπλοις
κοσμεῖσθε σῶμα καὶ νεκρῶν ἀγάλμασιν.
Ἀλλ’ εἶα, παῖδας καὶ δάμαρθ’ Ἡρακλέους
ἔξω κέλευε τῶνδε φαίνεσθαι δόμων,   705
ἐφ’ οἷς ὑπέστητ’ αὐτεπάγγελτοι θανεῖν.

ΑΜ. Ἄναξ, διώκεις μ’ ἀθλίως πεπραγότα
ὕβριν θ’ ὑβρίζεις ἐπὶ θανοῦσι τοῖς ἐμοῖς·
ἃ χρῆν σε μετρίως, κεἰ κρατεῖς, σπουδὴν ἔχειν.
Ἐπεὶ δ’ ἀνάγκην προστίθης ἡμῖν θανεῖν,   710
στέργειν ἀνάγκη, δραστέον θ’ ἃ σοὶ δοκεῖ.

ΛΥΚ. Ποῦ δῆτα Μεγάρα ; ποῦ τέκν’ Ἀλκμήνης γόνου ;

ΑΜ. Δοκῶ μὲν αὐτήν, ὡς θύραθεν εἰκάσαι...

---

74. L’île de Délos était, selon la légende, le lieu de la naissance
d’Apollon, fils de Léto et de Zeus, et un grand festival religieux en
son honneur y rassemblait les Grecs. Selon l’*Hymne à Apollon*, vers
156-164, un chœur de jeunes filles de Délos y chantait et y dansait en
l’honneur du dieu. Les péans sont des chants d’action de grâce après
une victoire. Ici, le chœur veut les chanter en l’honneur d’un Héraclès
civilisateur. Sur le cygne, voir le vers 110 et la note 17.

Et elles tournoient de beaux chœurs [74] ;   690
Des péans, devant ton palais,
Comme un cygne, moi, vieux poète,
De mes lèvres vieillies
Je veux en entonner ; le bien
Va aux chants.   695
Il est fils de Zeus ; mais sa naissance,
Il la dépasse † † ;
Avec ses travaux, il a fait aux mortels
La vie calme :
Il a détruit la terreur qu'ils avaient des monstres.   700

Troisième épisode

LYCOS

Tu sors à point nommé de la maison, Amphitryon :
Vous avez déjà passé trop de temps aux vêtements,
À orner les corps de parures mortuaires.
Allons, courage ! Aux enfants et à l'épouse d'Héraclès,
Ordonne de se montrer hors de la maison,   705
Suivant votre promesse : vous présenter de vous-mêmes
                                        [à la mort.

AMPHITRYON

Prince, tu me poursuis dans la situation misérable où je suis,
Tu exacerbes ta violence quand les miens périssent
Alors que tu devrais, tout puissant que tu es, t'efforcer
                                        [de la modérer.
Mais puisque tu nous imposes la nécessité de mourir,   710
Nous résigner est nécessaire, il faut faire ce qui bon te
                                        [semble.

LYCOS

Où donc est Mégara ? Où sont les enfants du fils d'Alcmène ?

AMPHITRYON

Je crois, autant que je puis le deviner de l'extérieur, qu'elle...

ΛΥΚ. Τί χρῆμα ; δόξης τῆσδ᾽ ἔχεις τεκμηριον ;

ΑΜ. ἱκέτιν πρὸς ἁγνοῖς ἑστίας θάσσειν βάθροις... 715

ΛΥΚ. ἀνόνητά γ᾽ ἱκετεύουσαν ἐκσῶσαι βίον.

ΑΜ. καὶ τὸν θανόντα γ᾽ ἀνακαλεῖν μάτην πόσιν.

ΛΥΚ. Ὅ δ᾽ οὐ πάρεστιν οὐδὲ μὴ μόλη ποτέ.

ΑΜ. Οὔκ, εἴ γε μή τις θεῶν ἀναστήσειέ νιν.

ΛΥΚ. Χώρει πρὸς αὐτὴν κἀκκόμιζε δωμάτων. 720

ΑΜ. Μέτοχος ἂν εἴην τοῦ φόνου δράσας τόδε.

ΛΥΚ. Ἡμεῖς, ἐπειδὴ σοὶ τόδ᾽ ἔστ᾽ ἐνθύμιον,
οἱ δειμάτων ἔξωθεν ἐκπορεύσομεν
σὺν μητρὶ παῖδας. Δεῦρ᾽ ἔπεσθε, πρόσπολοι,
ὡς ἂν σχολὴν λύσωμεν ἄσμενοι πόνων. 725

ΑΜ. Σὺ δ᾽ οὖν ἴθ᾽, ἔρχῃ δ᾽ οἷ χρεών· τὰ δ᾽ ἄλλ᾽ ἴσως
ἄλλῳ μελήσει. Προσδόκα δὲ δρῶν κακῶς
κακόν τι πράξειν. Ὦ γέροντες, ἐς καλὸν
στείχει, βρόχοισι δ᾽ ἀρκύων γενήσεται
ξιφηφόροισι, τοὺς πέλας δοκῶν κτενεῖν, 730

HÉRACLÈS

LYCOS
…Fait quoi ? Pour ce « je crois », as-tu une preuve ?

AMPHITRYON
…qu'en suppliante, sur les marches sacrées du foyer, elle 715
[est assise…

LYCOS
Elle supplie en pure perte pour sauver sa vie.

AMPHITRYON
…et qu'elle appelle en vain le mort, son époux.

LYCOS :
Il n'est pas là et ne risque pas de revenir un jour !

AMPHITRYON
Non, si un dieu ne le ramène pas.

LYCOS
Va la chercher, amène-là hors du palais. 720

AMPHITRYON
Si je faisais cela, je serais complice d'un meurtre.

LYCOS
Eh bien, c'est nous – puisque c'est un souci pour toi –
Qui, étrangers à ces terreurs, allons faire sortir
La mère et ses enfants. Ici, gardes, suivez-moi
Pour la joie de rompre la trêve de leurs épreuves. 725

AMPHITRYON
Et toi va, marche vers où tu dois ; le reste, sans doute,
Un autre va s'en occuper. Faisant du mal, tu peux t'attendre
À subir le mal. Vieillards, c'est bon,
Il entre, il passera dans les mailles d'un filet
Fait d'épées, lui qui s'attend à tuer les autres, 730

ὁ παγκάκιστος. Εἶμι δ' ὡς ἴδω νεκρὸν
πίπτοντ'· ἔχει γὰρ ἡδονὰς θνῄσκων ἀνὴρ
ἐχθρὸς τίνων τε τῶν δεδραμένων δίκην.

ΧΟ. Μεταβολὰ κακῶν· μέγας ὁ πρόσθ' ἄναξ   Str. 1.
πάλιν ὑποστρέφει βίοτον ἐξ Ἅιδα.   736
Ἰώ·
δίκα καὶ θεῶν παλίρρους πότμος.
    Ἦλθες χρόνῳ μὲν οὗ δίκην δώσεις θανών,   740
ὕβρεις ὑβρίζων εἰς ἀμείνονας σέθεν.
    Χαρμοναὶ δακρύων ἔδοσαν ἐκβολάς·
πάλιν ἔμολεν, ἃ πάρος οὔποτε διὰ φρενὸς
                                            [ἤλπισ' ἂν
παθεῖν, γᾶς ἄναξ.   746
    Ἀλλ' ὦ γεραιοί, καὶ τὰ δωμάτων ἔσω
σκοπῶμεν, εἰ πράσσει τις ὡς ἐγὼ θέλω.

ΛΥΚ. Ἰώ μοί μοι.

ΧΟ. Τόδε κατάρχεται μέλος ἐμοὶ κλύειν   Ant.
φίλιον ἐν δόμοις· θάνατος οὐ πόρσω.   752
Βοᾷ
φόνου φροίμιον στενάζων ἄναξ.

ΛΥΚ. Ὦ πᾶσα Κάδμου γαῖ', ἀπόλλυμαι δόλῳ.

---

75. Le troisième *stasimon* est composé de trois couples de
strophes de longueurs inégales ; dans les deux premières, alternent des
vers lyriques où s'exprime l'excitation du chœur et des vers identiques
à ceux des parties dialoguées (que j'ai, avec d'autres, attribués au
coryphée, le chef du chœur – à l'exception du vers 754 attribué à
Lycos). Dans les autres strophes, le chœur célèbre la justice des dieux
qui, grâce au retour d'Héraclès, a permis le châtiment du « méchant »
et le retournement de la situation. Ce moment de joie prépare, par
contraste, la catastrophe où cette même loi de la faute et du châtiment
conduit à la mort des enfants.

Ce monstre de lâcheté. J'y vais pour voir son cadavre
S'écrouler. Car c'est un plaisir de voir un homme mourir
Quand c'est un ennemi et qu'il paie pour ce qu'il a fait.

Troisième stasimon [75]

LE CHŒUR

Migration du malheur ! Immense, l'ancien roi 735
Ramène sa vie du royaume d'Hadès.
Viens
Justice et toi, destin que les dieux font resurgir !

LE CORYPHÉE

Enfin, tu es parvenu au moment où tu vas payer de ta mort, 740
Toi qui déchaînes ta violence contre meilleurs que toi.

LE CHŒUR

Des larmes, la joie offre le jaillissement ;
Il est revenu – bonheur que jamais mon cœur n'aurait espéré 745
Vivre, le roi de cette terre !

LE CORYPHÉE

Allons, mes vieux amis, nous aussi à l'intérieur du palais
Pour observer si un homme y subit le sort que je lui souhaite.

LYCOS

Ho ! À moi, à moi !

LE CHŒUR

Voici que commence dans le palais un chant
Qu'il m'est cher d'entendre. La mort n'est pas très loin. 752
Il entonne
Le prélude du meurtre, le gémissement du roi.

LYCOS

Ô terre de Cadmos, ô vous tous, je meurs, on m'a trompé.

ΧΟ. Καὶ γὰρ διώλλυς· ἀντίποινα δ᾽ ἐκτίνων   755
τόλμα, διδούς γε τῶν δεδραμένων δίκην.
Τίς ὁ θεοὺς ἀνομίᾳ χραίνων, θνητὸς ὤν,
ἄφρονα λόγον οὐρανίων μακάρων κατέβαλ᾽ ὡς
[ἆρ᾽ οὐ
σθένουσιν θεοί ;
Γέροντες, οὐκέτ᾽ ἔστι δυσσεβὴς ἀνήρ.   760
Σιγᾷ μέλαθρα· πρὸς χοροὺς τραπώμεθα.
[Φίλοι γὰρ εὐτυχοῦσιν οὓς ἐγὼ θέλω.]
Χοροὶ χοροὶ καὶ θαλίαι   Str. 2
μέλουσι Θήβας ἱερὸν κατ᾽ ἄστυ.
Μεταλλαγαὶ γὰρ δακρύων,   765
μεταλλαγαὶ συντυχίας
∪∪∪ἔτεκον ἀοιδάς.
Βέβακ᾽ ἄναξ ὁ καινός, ὁ δὲ παλαίτερος
κρατεῖ, λιμένα λιπών γε τὸν Ἀχερόντιον·   770
δοκημάτων ἐκτὸς ἦλθεν ἐλπίς.

Θεοὶ θεοὶ τῶν ἀδίκων   Ant. 2
μέλουσι καὶ τῶν ὁσίων ἐπάειν.
Ὁ χρυσὸς ἅ τ᾽ εὐτυχία
φρενῶν βροτοὺς ἐξάγεται,   775
δύνασιν ἄδικον ἐφέλκων.
Χρόνου γὰρ οὔτις τὸ πάλιν εἰσορᾶν ἔτλα
νόμον παρέμενος, ἀνομίᾳ χάριν διδούς·
ἔθραυσεν ὄλβου κελαινὸν ἅρμα.   780

Ἰσμήν᾽ ὦ στεφαναφόρει,   Str. 3
ξεσταί θ᾽ ἑπταπύλου πόλεως
ἀναχορεύσατ᾽ ἀγυιαί,
Δίρκα θ᾽ ἁ καλλιρρέεθρος,

---

76. L'Achéron est un fleuve des Enfers.

LE CORYPHÉE

Oui : tu voulais faire mourir. Paie ta dette !   755
Courage ! Au moins, tu es puni pour ce que tu as fait.

LE CHŒUR

Qui a sali les dieux en les disant sans règles ? quel mortel
A répandu des inepties sur les bienheureux habitants du ciel
Et affirmé que les dieux étaient faibles ?

LE CORYPHÉE

Mes vieux compagnons, il n'existe plus, l'homme impie.   760
Le palais se tait. Tournons-nous vers les danses.
Nos amis ont réussi. Ceux que je voulais ont réussi.

LE CHŒUR

Les danses, les danses et les banquets,
C'est une affaire dans la ville sacrée de Thèbes.
La migration des larmes,   765
La migration du malheur
†…† font naître nos chants.
Parti le nouveau roi ! L'ancien
A le pouvoir ! Il a quitté le port de l'Achéron[76].   770
On ne s'y attendait pas : ce que nous espérions est arrivé.

Les dieux, les dieux, repérer l'injuste,
C'est leur affaire, autant que le pur.
L'or et le succès
Poussent les mortels à rêver   775
Et amènent avec eux le pouvoir injuste.
Personne n'ose regarder en face le revers du temps :
Dès lors qu'il néglige l'ordre et se livre au désordre,
Il fracasse le char noir de la prospérité.   780

Isménos, mets des couronnes,
Et vous, rues bien lisses
De la ville aux sept portes, dansez,
Et toi aussi Dircé au beau jaillissement ;

σύν τ' Ἀσωπιάδες κόραι,   785
πατρὸς ὕδωρ βᾶτε λι-
ποῦσαί <μοι> συναοιδοὶ
νύμφαι τὸν Ἡρακλέους
καλλίνικον ἀγῶν', ὦ.
Πυθίου δενδρῶτι πέτρα   790
Μουσῶν θ' Ἑλικωνιάδων δώματα,
αὔξετ' εὐγαθεῖ κελάδῳ
ἐμὰν πόλιν, ἐμὰ τείχη,
Σπαρτῶν ἵνα γένος ἔφανε
χαλκασπίδων λόχος, ὃς γᾶν   795
τέκνων τέκνοις μεταμείβει,
Θήβαις ἱερὸν φῶς.

    Ὦ λέκτρων δύο συγγενεῖς   Ant. 3
εὐναί, θνατογενοῦς τε καὶ
Διός, ὃς ἦλθεν ἐς εὐνὰς   800
Νύμφας τᾶς Περσηίδος· ὡς
πιστόν μοι τὸ παλαιὸν ἤ-
δη λέχος, ὦ Ζεῦ· τὸ σὸν
οὐκ ἐπ' ἐλπίδι φάνθη,
λαμπρὰν δ' ἔδειξ' ὁ χρόνος   805
τὰν Ἡρακλέος ἀλκάν·
ὃς γᾶς ἐξέβα θαλάμων,
Πλούτωνος δῶμα λιπὼν νέρτερον.
Κρείσσων μοι τύραννος ἔφυς
ἢ δυσγένει' ἀνάκτων·   810
ἃ νῦν ἐσορᾶν φαίνει
ξιφηφόρων ἐς ἀγώνων

---

77. L'Isménos est une rivière de Thèbes ; Dircé, une source. L'Asopos est un fleuve de cette région de Béotie. Ils sont ici divinisés.

78. Il s'agit du Parnasse, la montagne de Delphes, où Apollon, « le Pythien », avait son sanctuaire. L'Hélicon (vers 791) est une montagne de Béotie, à l'est de Thèbes. Selon la légende, les Muses y avaient leur séjour. Divinités du chant et de la danse, Apollon et les Muses, et à travers eux la Grèce entière, sont invités à venir célébrer la victoire d'Héraclès.

Avec eux, filles de l'Asopos[77],   785
Quittez les eaux de votre père, venez
Vous unir à mes chants,
Nymphes, pour Héraclès
Et son combat de belle victoire, ô !
Roche boisée du Pythien[78],   790
Maisons des Muses de l'Hélicon,
Vous viendrez avec une clameur joyeuse
Dans ma ville, mes remparts,
Là où la race des Spartes s'est montrée,
Troupe armée de bronze qui   795
Passe aux enfants de ses enfants, la terre,
Pour Thèbes, lumière sacrée.

Ô de deux amours lit
Qui co-engendre : par la race mortelle
Et par Zeus qui entra dans le lit   800
De la vierge née de Persée[79] *; comme*
Est sûre pour moi l'ancienne
Union, maintenant, ô Zeus. Ta paternité,
Ne s'est pas révélée dans l'instant de l'espoir
Mais le temps a montré dans tout son éclat   805
La vaillance d'Héraclès
Qui sortit des chambres de la terre
Et laissa la maison souterraine de Pluton[80].
Tu es un roi pour moi plus robuste
Que la mauvaise race du prince   810
Qui maintenant se montre à qui voit,
Des combats porteurs d'épée,

---

79. Alcmène, mère d'Héraclès, était fille d'Électryon (voir le vers 17 et la note 2) ; Électryon était fils de Persée, lui-même fils de Zeus.

80. La strophe peut être lue comme une réponse aux accusations d'Amphitryon (vers 339 et suivants) : la double paternité est prouvée par le retour d'Héraclès des Enfers (Pluton est un autre nom d'Hadès, le dieu des Enfers). Par sa victoire sur Lycos, Héraclès devient l'instrument de la justice de Zeus ; son combat contre le tyran est interprété comme une ordalie (vers 809-814).

ἅμιλλαν, εἰ τὸ δίκαιον
θεοῖς ἔτ' ἀρέσκει.
   Ἔα ἔα·   815
ἆρ' ἐς τὸν αὐτὸν πίτυλον ἥκομεν φόβου,
γέροντες, οἷον φάσμ' ὑπὲρ δόμων ὁρῶ ;
Φυγῇ φυγῇ
νωθὲς πέδαιρε κῶλον, ἐκποδὼν ἔλα.
Ὦναξ Παιάν,   820
ἀπότροπος γένοιό μοι πημάτων.

ΙΡΙΣ Θαρσεῖτε Νυκτὸς τήνδ' ὁρῶντες ἔκγονον
Λύσσαν, γέροντες, κἀμὲ τὴν θεῶν λάτριν
Ἶριν· πόλει γὰρ οὐδὲν ἥκομεν βλάβος,
ἑνὸς δ' ἐπ' ἀνδρὸς δώματα στρατεύομεν,   825
ὅν φασιν εἶναι Ζηνὸς Ἀλκμήνης τ' ἄπο.
Πρὶν μὲν γὰρ ἄθλους ἐκτελευτῆσαι πικρούς,
τὸ χρή νιν ἐξέσῳζεν, οὐδ' εἴα πατὴρ
Ζεύς νιν κακῶς δρᾶν οὔτ' ἐμ' οὔθ' Ἥραν ποτέ.
Ἐπεὶ δὲ μόχθους διεπέρασ' Εὐρυσθέως,   830
Ἥρα προσάψαι κοινὸν αἷμ' αὐτῷ θέλει
παῖδας κατακτείναντι, συνθέλω δ' ἐγώ.

<hr />

81. « Péan » est le surnom par lequel on invoquait Apollon lorsqu'on voulait qu'il guérisse une maladie ou détourne un malheur.
L'apparition, au-dessus du palais, d'Iris, qui est dans la tradition homérique, la messagère des dieux olympiens, et de Lyssa, « la Rage », divinité de la folie, est perçue comme annonciatrice d'une catastrophe. Le
couple composé d'une divinité olympienne, lumineuse, et d'une divinité
infernale, nocturne, est, en effet, tout sauf habituel.

La rencontre, pour savoir si la justice
Plaît encore aux dieux.

LE CORYPHÉE
Eh ! Regardez !   815
Est-ce que nous en sommes venus au même battement
                      [d'effroi,
Vieillards ? Quel prodige je vois au-dessus du palais !
Fuis ! Fuis !
Lève ta jambe sans force, pars loin d'ici !
Seigneur Péan [81],   820
Détourne de moi les souffrances !

IRIS
N'ayez pas peur, vieillards : vous voyez la fille de la Nuit,
Lyssa, et moi, la servante des dieux,
Iris ; nous ne sommes pas venues détruire la ville ;
Notre expédition vise la maison d'un seul homme :   825
Celui qu'on dit né de Zeus et d'Alcmène.
Tant qu'il n'avait pas achevé ses épreuves douloureuses,
La nécessité le gardait sauf et son père,
Zeus, ne permettait ni à Héra ni à moi de lui faire du mal [82].
Maintenant qu'il a fini de peiner pour Eurysthée,   830
Héra veut qu'il se couvre d'un sang nouveau
En tuant ses enfants ; je le veux aussi.

---

82. Ces vers rappellent que les travaux ne sont pas ici une puni-
tion infligée au héros après le meurtre de son épouse et de ses enfants,
puisqu'ils le précèdent. Dans la version du mythe qu'Euripide suit
dans cette tragédie, la pacification des terres et des mers (exigée par
Eurysthée comme prix du retour de la famille à Argos, voir les vers
19-20) faisait donc partie d'un plan de Zeus qu'Héra a été tenue de
respecter. La haine d'Héra, divinité du mariage, contre Héraclès, né
d'une tromperie de Zeus, est, elle, traditionnelle. Mais dans la pièce,
grâce à la médiation d'Iris, la divinité olympienne n'est pas directement mêlée aux atrocités qui vont suivre et n'aura pas à argumenter
sa décision. Celle-ci s'impose, inébranlable, souveraine, soustraite à
l'événement.

Ἀλλ' εἶ', ἄτεγκτον σὴν λαβοῦσα καρδίαν,
Νυκτὸς κελαινῆς ἀνυμέναιε παρθένε,
μανίας τ' ἐπ' ἀνδρὶ τῷδε καὶ παιδοκτόνους   835
φρενῶν ταραγμοὺς καὶ ποδῶν σκιρτήματα
ἔλαυνε, κίνει, φόνιον ἐξίει κάλων,
ὡς ἂν πορεύσας δι' Ἀχερούσιον πόρον
τὸν καλλίπαιδα στέφανον αὐθέντῃ φόνῳ
γνῷ μὲν τὸν Ἥρας οἷός ἐστ' αὐτῷ χόλος,   840
μάθῃ δὲ τὸν ἐμόν· ἢ θεοὶ μὲν οὐδαμοῦ,
τὰ θνητὰ δ' ἔσται μεγάλα, μὴ δόντος δίκην.

ΛΥΣΣΑ

Ἐξ εὐγενοῦς μὲν πατρὸς ἔκ τε μητέρος
πέφυκα, Νυκτὸς Οὐρανοῦ τ' ἀφ' αἵματος·
τιμὰς τ' ἔχω τάσδ' οὐκ ἀγασθῆναι φίλοις,   845
οὐδ' ἥδομαι φοιτῶσ' ἀνθρώπων φίλους.
Παραινέσαι δέ, πρὶν σφαλεῖσαν εἰσιδεῖν,
Ἥρᾳ θέλω σοί τ', ἢν πίθησθ' ἐμοῖς λόγοις.
Ἀνὴρ ὅδ' οὐκ ἄσημος οὔτ' ἐπὶ χθονὶ

---

83. Pour Iris, Lyssa, la Rage, est fille de Nuit comme le sont, chez Eschyle, les Érinyes, divinités de la vengeance, chargées de défendre l'ordre olympien, vierges elles aussi. Cette généalogie est conforme à l'action qu'Héra lui commande d'accomplir pour préserver l'ordre olympien : châtier Héraclès, qui, par son être même, y contrevient.
84. Voir ci-dessus la note 76.

Allons ! Avec ce cœur que rien n'amollit,
Vierge, née de la Nuit sombre [83], interdite de mariage,
Sur cet homme, dirige des folies, des bouleversements   835
Tueurs d'enfants dans son cœur, des bonds de ses pieds :
Ébranle, lâche les amarres du meurtre,
Pour qu'en faisant passer le détroit de l'Achéron [84]
À sa couronne de beaux enfants, par un meurtre commis
[par lui,
Il sache quel ressentiment Héra a contre lui   840
Et comprenne le mien. Les dieux comptent pour rien
Et les mortels seront grands – s'il n'est pas puni.

LYSSA

Je viens d'un père et d'une mère de bon lignage
Étant née de Nuit et du sang d'Ouranos ;
J'ai cette fonction : ne pas être aimée des miens   845
Et je n'ai pas de plaisir à fréquenter les hommes que j'aime [85].
Je veux, avant de vous voir trébucher,
Vous conseiller, Héra et toi, si vous pouvez écouter mes
[paroles.
L'homme n'est pas sans distinction ni sur la terre

---

85. Au vers 844, Lyssa s'attribue une généalogie plus précise que
celle que lui prêtait Iris au vers 834, mais problématique. La *Théogonie* d'Hésiode distingue, en effet, les enfants de Terre et d'Ouranos, le
Ciel – lignée à laquelle appartiennent les dieux de l'Olympe – et les
enfants de Nuit. Entre les deux, il n'existe pas de relations. Les Érinyes, chez cet auteur, naissent de Terre et du sang d'Ouranos. La
généalogie que Lyssa se prête l'apparente à ces divinités ; mais la substitution de Nuit à Terre désigne cette généalogie comme une
construction : elle fait de Lyssa une divinité de la vengeance, de la
pure destruction, bien plus redoutable que les Érinyes. Doublement
nocturne, elle fait horreur à ceux qui, comme elle, sont issus de Nuit
(vers 845) et voudrait se tenir éloignée des hommes qui (comme
Achille ou Hector) font, grâce à elle, l'expérience de la folie guerrière
qu'elle personnifie (vers 846).

οὔτ' ἐν θεοῖσιν, οὗ γέ μ' ἐσπέμπεις δόμους· 850
ἄβατον δὲ χώραν καὶ θάλασσαν ἀγρίαν
ἐξημερώσας, θεῶν ἀνέστησεν μόνος
τιμὰς πιτνούσας ἀνοσίων ἀνδρῶν ὕπο·
σοί τ' οὐ παραινῶ μεγάλα βούλεσθαι κακά.

ΙΡ.   Μὴ σὺ νουθέτει τά θ' Ἥρας κἀμὰ μηχανήματα.   855

ΛΥ.   Ἐς τὸ λῷστον ἐμβιβάζω σ' ἴχνος ἀντὶ τοῦ κακοῦ.

ΙΡ.   Οὐχὶ σωφρονεῖν γ' ἔπεμψε δεῦρό σ' ἡ Διὸς δάμαρ.

ΛΥ.   Ἥλιον μαρτυρόμεσθα δρῶσ' ἃ δρᾶν οὐ βούλομαι.

---

86. Lyssa pointe une contradiction, que porte la proposition
relative, entre la valeur reconnue du héros et le fait, pour elle, d'être
envoyée chez un tel homme pour agir à ses dépens. L'incohérence
n'est pas de son côté, mais du côté des dieux olympiens.

Ni chez les dieux, dans la maison de qui vous m'envoyez[86]. 850
L'inaccessible de la terre et la mer sauvage
Ont été pacifiés par lui ; des dieux, il a relevé, seul,
Les honneurs qui tombaient du fait d'hommes impies :
Je te conseille de ne pas désirer de grands malheurs.

IRIS

Ne va pas critiquer notre machination, à Héra et à moi, 855
En l'emboîtant dans la bonne trace plutôt que dans la
                                              [mauvaise[87].
L'épouse de Zeus ne t'a pas envoyée ici pour faire la
                                              [raisonnable.

LYSSA

Que le soleil témoigne pour nous : je fais ce que je ne veux
                                              [pas faire.

---

87. L'attribution des vers 855-858, mal transmise par les manus-
crits, fait l'objet de discussions. J'ai choisi d'attribuer les vers 855-857
à Iris et le vers 858 à Lyssa. Certains éditeurs attribuent le vers 856 à
Lyssa, créant ainsi un échange vers à vers qui leur paraît susceptible
d'exprimer la tension entre les deux divinités. Mais ils doivent alors
corriger au vers 856 *embibàdzousa*,« en faisant entrer dans », du
manuscrit L en *embibàdzô s'*, « je te fais entrer dans », et donner à
íchnos, « la trace », le sens de « chemin » qu'il n'a pas. Le vers est alors
compris comme une leçon donnée par Lyssa à Iris : « Je veux te faire
entrer dans le bon chemin, tu as pris le mauvais ». Dans ma compréhension, Iris commente les critiques que lui adresse Lyssa. La
« trace » est celle laissée par Héraclès, marque de son excellence
acquise par ses bienfaits – que Lyssa prend en considération – quand
Héra et Iris exigent qu'elle s'intéresse, comme elles le font, à l'infamie
originelle du héros. Le vers 857, ironique, souligne que la divinité de
la Rage est la plus modérée. Le changement de mètre – à partir du
vers 855 et jusqu'à la fin de la scène, le tétramètre trochaïque, un
mètre ancien, plus rapide, a remplacé le trimètre iambique du début
du dialogue – signale que l'on quitte le mode de l'argumentation pour
celui d'une action qui mène à la catastrophe. Avec cette répartition
des vers, c'est Iris qui impulse ce mouvement. Lyssa suit et commence
alors, non sans avoir exprimé sa réserve mentale, son travail d'exécu-
trice des basses œuvres.

Εἰ δὲ δή μ' Ἥρᾳ θ' ὑπουργεῖν σοί τ' ἀναγκαίως ἔχει
τάχος ἐπιρροίβδην θ' ὁμαρτεῖν ὡς κυνηγέτῃ
                             [κύνας, 860
εἰμί γ'· οὔτε πόντος οὕτως κύμασι στένων λάβρος
οὔτε γῆς σεισμὸς κεραυνοῦ τ' οἶστρος ὠδῖνας πνέων,
οἳ' ἐγὼ στάδια δραμοῦμαι στέρνον εἰς
                             [Ἡρακλέους·
καὶ καταρρήξω μέλαθρα καὶ δόμους ἐπεμβαλῶ,
τέκν' ἀποκτείνασα πρῶτον· ὃ δὲ κανὼν οὐκ
                             [εἴσεται 865
παῖδας οὓς ἔτικτ' ἐναίρων, πρὶν ἂν ἐμὰς λύσσας
                             [ἀφῇ.
Ἢν ἰδοὺ καὶ δὴ τινάσσει κρᾶτα βαλβίδων ἄπο
καὶ διαστρόφους ἑλίσσει σῖγα γοργωποὺς κόρας.
Ἀμπνοὰς δ' οὐ σωφρονίζει, ταῦρος ὣς ἐς ἐμβολήν,
δεινὰ μυκᾶται δὲ Κῆρας ἀνακαλῶν τὰς
                             [Ταρτάρου. 870
Τάχα σ' ἐγὼ μᾶλλον χορεύσω καὶ καταυλήσω φόβῳ.
Στεῖχ' ἐς Οὔλυμπον πεδαίρουσ', Ἶρι, γενναῖον
                             [πόδα·
ἐς δόμους δ' ἡμεῖς ἄφαντοι δυσόμεσθ' Ἡρακλέους.

---

88. Le chien fait partie des représentations de Lyssa comme de celles des Érinyes, réputées serrer leur proie sans jamais la lâcher. Au moment où elle se met en mouvement, Lyssa insiste : elle ne fait que se conformer à la volonté des deux divinités olympiennes qui, selon elle, se comportent comme des Érinyes. L'adverbe *épirroibdên* est forgé par Euripide sur *roîbdos* qui dit le bruit que font les flèches et les vents. Cet adverbe, par sa singularité, anticipe sur tous les bruits évoqués dans les vers suivants.

89. La comparaison de l'action de Lyssa aux fléaux les plus terrifiants que puissent envoyer les dieux, et Zeus particulièrement, veut donner la mesure du bouleversement qui tombe sur le héros : les forces mises en jeu sont du même ordre que celles qui interviennent dans les grandes luttes cosmiques qui opposèrent Olympiens et Géants.

90. Aux vers 131-132, il est dit que les enfants d'Héraclès, qui les tiennent de leur père, ont ces yeux-là. Ce regard appartient, en propre, au héros. Cette folie-là précède.

Mais si je suis forcée de vous servir Héra et toi,
De faire, vite, dans un sifflement [88], corps avec vous comme 860
        [les chiens avec le chasseur,
Alors, j'y vais ! Ni la mer et ses flots, qui gémit, ni la
        [vibration
De la terre ni l'aiguillon de la foudre, ne soufflent des
        [douleurs aussi violentes
Que les courses que je vais courir sur la poitrine d'Héraclès [89].
Je vais mettre le palais en pièces et me jeter sur sa maison,
En tuant d'abord les enfants ; et le tueur ne se connaîtra pas 865
Destructeur des fils qu'il a conçus, avant d'avoir quitté mes
        [délires.
Là, regarde ! Il s'élance de la ligne de départ et secouant
        [la tête,
Il distord et fait rouler, silencieux, ses yeux de Gorgone [90] ;
Il ne contrôle pas son souffle, pareil à un taureau qui charge :
Terribles ces mugissements pour invoquer les Kères du   870
        [Tartare [91] !
Bientôt je te ferai danser plus encore et jouerai, pour
        [toi, de ma flûte d'effroi.
Rends-toi sur l'Olympe, Iris, en soulevant ton noble pied ;
Nous, nous allons plonger, invisibles, dans la maison
        [d'Héraclès [92].

---

91. De nombreuses études ont montré combien la description de
la crise de folie des héros tragiques empruntait au tableau de la crise
d'épilepsie que l'on trouve dans les traités médicaux de l'époque.
Mais les catégories mythiques du monstrueux et du bestial sont également utilisées : dans la poésie épique, le taureau caractérise souvent
le guerrier et symbolise le déchaînement sans frein de la violence ; ici
son mugissement sonne comme un appel aux divinités infernales, les
Kères, qui, chez Hésiode, vengent toutes les transgressions chez les
hommes et chez les dieux et qu'Eschyle confond avec les Érinyes. On
retrouvera ces différents éléments dans le discours du messager, aux
vers 928-935. Au vers 871, Lyssa exprime son intention de pousser le
héros au-delà de la violence guerrière qui le caractérise habituellement, dans la fureur bacchique.
92. L'invisibilité qu'adopte Lyssa transforme la maison
d'Héraclès en un lieu infernal, un lieu de mort.

ΧΟ.   Ὀτοτοτοτοτοῖ, στέναξον· ἀποκείρεται   875
      σὸν ἄνθος πόλεος, ὁ Διὸς ἔκγονος.
      Μέλεος Ἑλλάς, ἃ τὸν εὐεργέταν
      ἀποβαλεῖς, ὀλεῖς μανίαισιν Λύσσας
      χορευθέντ᾽ ἐναύλοις.

      Βέβακεν ἐν δίφροισιν ἁ πολύστονος,   880
      ἅρμασι δ᾽ ἐνδίδωσι
      κέντρον ὡς ἐπὶ λώβᾳ
      Νυκτὸς Γοργὼν ἑκατογκεφάλοις
      ὄφεων ἰαχήμασι, Λύσσα μαρμαρωπός.

      Ταχὺ τὸν εὐτυχῆ μετέβαλεν δαίμων,   885
      ταχὺ δὲ πρὸς πατρὸς τέκν᾽ ἐκπνεύσεται.

ΑΜ.   Ἰώ μοι μέλεος.

ΧΟ.   Ἰὼ Ζεῦ, τὸ σὸν γένος ἄγονον αὐτίκα
      λυσσάδες ὠμοβρῶτες ἀποινόδικοι δίκαι
      κακοῖσιν ἐκπετάσουσιν.

ΑΜ.   Ἰὼ στέγαι.   890

---

93. Le vers commence, en grec, par une longue interjection
caractéristique des rites funèbres, un cri de deuil, que le chœur situe
à un niveau général : ce que représente la catastrophe pour la cité et
pour la Grèce.

LE CHŒUR

> Malheur ! Malheur [93] ! Lamente-toi ! Elle est coupée   875
> La fleur de ta cité, l'enfant de Zeus !
> Grèce vaine ! Tu vas rejeter
> Ton bienfaiteur, tu vas le perdre : il est saisi de danse
> Par les folies dont Lyssa lui joue l'air.

> Elle est sur le char, la faiseuse de larmes,   880
> Elle livre l'attelage
> À l'aiguillon, comme pour le détruire,
> En Gorgone, fille de Nuit, avec les cris
> De cent têtes de serpents, Lyssa, la fulgurante [94].

> Le dieu a vite fait de changer l'homme heureux ;   885
> Bientôt les enfants vont rendre leur souffle à cause du père.

> Vaine ma vie !
> Ton lot, Zeus, ce sera bientôt une race sans enfant :
> Lyssa, châtiments dévoreurs de chair, juste rançon,
> Va déployer ses voiles aux malheurs.

AMPHITRYON

> Palais !   890

---

94. La description de Lyssa aux vers 880-884 n'est pas à prendre comme une indication scénique : pour rendre compte du caractère irrationnel de ce qui arrive au héros, Euripide prête au chœur une évocation qui rassemble des représentations contradictoires : elle est « sur le char », comme Héra ou Athéna le sont au chant V de l'*Iliade* ; c'est une Gorgone, mais une « Gorgone, fille de Nuit » (alors que, chez Hésiode, les Gorgones sont nées de Phorkys et Kèto, eux-mêmes nés de Mer et de Terre) ; les « cris » qui sortent de ses « cent têtes de serpents » en font un avatar de Typhée, ce monstre que Zeus doit vaincre dans la *Théogonie*, un monstre qui incendie tout ce qu'il regarde et dont les « cent têtes » hurlent les cris de toutes sortes d'animaux, une image du désordre absolu.

ΧΟ. Κατάρχεται χόρευμα τυμπάνων ἄτερ,
οὐ βρομίῳ κεχαρισμένα θύρσῳ...

ΑΜ. Ἰὼ δόμοι.

ΧΟ. πρὸς αἵματ᾽, οὐχὶ τᾶς Διονυσιάδος
βοτρύων ἐπὶ χεύμασι λοιβᾶς.   895

ΑΜ. Φυγῇ, τέκν᾽, ἐξορμᾶτε. ΧΟ. Δάιον τόδε
δάιον μέλος ἐπαυλεῖται.
Κυναγετεῖ τέκνων διωγ-
μόν· οὔποτ᾽ ἄκραντα δόμοισι
Λύσσα βακχεύσει.

ΑΜ. Αἰαῖ κακῶν.   900

ΧΟ. Αἰαῖ δῆτα τὸν γεραιὸν ὡς στένω
πατέρα τάν τε παιδοτρόφον, <ἇ> μάταν
τέκεα γεννᾶται.
Ἰδοὺ ἰδού,
θύελλα σείει δῶμα, συμπίπτει στέγη.   905
Ἤ ἤ, τί δρᾷς, ὦ Διὸς παῖ, μελάθρῳ ;
τάραγμα ταρτάρειον, ὡς

LE CHŒUR

Commence une danse sans tambourins,
Et que n'embellit pas le thyrse de Bromios.

AMPHITRYON

Maison !

LE CHŒUR

Elle va vers le sang et non pour répandre
La libation bacchique des grappes du raisin.   895

AMPHITRYON

Sauvez-vous, enfants, vite, sortez !

LE CHŒUR

                                        C'est un air destructeur,
Destructeur que joue la flûte.
Il pousse comme un chasseur la traque
Des enfants ; Lyssa ne fera jamais sans résultat
La bacchante dans les maisons.

AMPHITRYON

Ah ! Malheur !   900

LE CHŒUR

Malheur, oui ! Comme je plains le vieillard,
Son père, et celle qui a nourri les petits ; en vain
Des enfants ont été engendrés.

Vois ! Vois !
Un ouragan secoue la maison, le toit s'effondre !   905

Mais que fais-tu, enfant de Zeus, au palais ?
Comme contre Encelade autrefois

ἐπ᾽ Ἐγκελάδῳ ποτέ, Παλλάς,
ἐς δόμους πέμπεις.

ΑΓΓΕΛΟΣ
    Ὦ λευκὰ γήρᾳ σώματ᾽, ΧΟ. Ἀνακαλεῖς με τίνα   910
βοάν ; ΑΓ. ἄλαστα τὰν δόμοισι. ΧΟ. Μάντιν οὐχ
ἕτερον ἄξομαι.

ΑΓ.   Τεθνᾶσι παῖδες. ΧΟ. Αἰαῖ.

ΑΓ.   Στενάζεθ᾽, ὡς στενακτά. ΧΟ. Δάιοι φόνοι,
δάιοι δὲ τοκέων χέρες· ὤ.   915

ΑΓ.   Οὐκ ἄν τις εἴποι μᾶλλον ἢ πεπόνθαμεν.

ΧΟ.   Πῶς παισὶ στενακτὰν ἄταν ἄταν
πατέρος ἀμφαίνεις ;

---

95. Le chœur commente la survenue d'Athéna, nommée ici
Pallas. Une source rapporte que, lors de la guerre qui opposa les
Olympiens et les Géants, Athéna vint à bout du géant Encelade, en
jetant sur lui la Sicile. C'est au vers 1004 que l'on comprend les raisons du geste que fait ici Athéna.

Tu lances, Pallas, contre la maison
Une confusion digne du Tartare[95] *!*

LE MESSAGER
Êtres que la vieillesse blanchit,…   910

LE CHŒUR
                         Pourquoi m'appelles-tu avec
                                [ce cri ?

LE MESSAGER
Il se passe dans le palais des choses abominables.

LE CHŒUR
                Je ne veux pas faire venir un deuxième devin !

LE MESSAGER
Les enfants sont morts.

LE CHŒUR
               Malheur !

LE MESSAGER
Pleurez : ces choses, on peut les pleurer.

LE CHŒUR
                      Crimes destructeurs,
Mains destructrices de celui qui a engendré ! Ah !   915

LE MESSAGER
Personne ne pourrait dire plus que ce que nous avons subi.

LE CHŒUR
Comment vas-tu révéler la folie, la folie
À pleurer, d'un père contre ses enfants ?

λέγε τίνα τρόπον ἔσυτο θεόθεν ἐπὶ
μέλαθρα κακὰ τάδε   920
τλήμονάς τε παίδων τύχας.

ΑΓ.   Ἱερὰ μὲν ἦν πάροιθεν ἐσχάρας Διὸς
καθάρσι᾽ οἴκων, γῆς ἄνακτ᾽ ἐπεὶ κτανὼν
ἐξέβαλε τῶνδε δωμάτων Ἡρακλέης·
χορὸς δὲ καλλίμορφος εἱστήκει τέκνων   925
πατήρ τε Μεγάρα τ᾽· ἐν κύκλῳ δ᾽ ἤδη κανοῦν
εἵλικτο βωμοῦ, φθέγμα δ᾽ ὅσιον εἴχομεν.
Μέλλων δὲ δαλὸν χειρὶ δεξιᾷ φέρειν
ἐς χέρνιβ᾽ ὡς βάψειεν, Ἀλκμήνης τόκος
ἔστη σιωπῇ. Καὶ χρονίζοντος πατρὸς   930
παῖδες προσέσχον ὄμμ᾽· ὁ δ᾽ οὐκέθ᾽ αὑτὸς ἦν,
ἀλλ᾽ ἐν στροφαῖσιν ὀμμάτων ἐφθαρμένος
ῥίζας τ᾽ ἐν ὄσσοις αἱματῶπας ἐκβαλών,
ἀφρὸν κατέσταζ᾽ εὐτρίχου γενειάδος.
Ἔλεξε δ᾽ ἅμα γέλωτι παραπεπληγμένῳ·   935
« Πάτερ, τί θύω πρὶν κτανεῖν Εὐρυσθέα
καθάρσιον πῦρ, καὶ πόνους διπλοῦς ἔχω,

---

96. Les scènes de messager sont un trait du genre : le spectateur
a devant lui quelqu'un qui fait effort pour raconter l'horreur qu'il a
vue et dont le long discours lui permet, à lui, spectateur, de faire
l'expérience. Comme dans l'épopée homérique où les questions des
protagonistes orientent les récits, la question du chœur (917-918)
annonce qu'il s'agira moins dans le récit du messager de la folie du
héros (déjà évoquée par Lyssa et par le chœur) que de la mort des
enfants.
97. Le mot *hierà* est générique pour désigner les « victimes ».
Dans le reste du récit, il n'en est plus question : dès le premier mot,
la substitution est préparée. Le début du récit insiste sur la succession
normale des actions et le respect du rituel. Le mot *chorós*, « le
chœur », utilisé pour parler des enfants, insiste sur la beauté et l'unité
du groupe qu'ils forment, préparant à la dispersion et à l'horreur. Le
basculement se produit au moment où Héraclès aurait dû retirer le
tison du foyer de l'autel, le plonger dans l'eau lustrale et asperger
autel, victimes et participants. Sa désignation comme « fils d'Alcmène » rappelle que ce qui va se produire vient d'Héra.

Dis de quelle manière, venus des dieux, s'est précipité sur
Le palais, ce malheur-là, 920
Rude destin des enfants.

LE MESSAGER [96]
Les victimes [97] se trouvaient devant l'autel de Zeus,
Destinées à purifier la maison, après qu'ayant tué le maître
[du pays,
Héraclès avait jeté son corps hors du palais.
Le chœur des enfants, d'une beauté parfaite, se tenait 925
[immobile
Avec le père et Mégara ; déjà, on faisait circuler une corbeille
Autour de l'autel et quant à la voix, nous suivions le rituel.
Au moment de saisir, de sa main droite, le tison
Pour le plonger dans l'eau lustrale, le fils d'Alcmène
S'arrêta, silencieux. Comme leur père tardait, 930
Les enfants tournèrent le regard ; ce n'était plus lui [98] :
Dans le roulement de ses yeux, il était dévasté :
Il y faisait surgir les racines du sang
Et laissait couler la bave de sa barbe bien fournie.
Il dit avec un rire qui sonnait faux [99] : 935
« Père, pourquoi, avant de tuer Eurysthée, offrir le sacrifice
Du feu purifiant et avoir double travail

---

98. Au vers 931, il n'est pas nécessaire de corriger *ouket'autòs,*
« plus lui-même », en *oukéth'hautòs*, « plus le même ». Le texte du
manuscrit met l'accent sur les changements physiques que provoque
la folie et que le regard des enfants découvre. Plus loin (aux vers 936
et suivants), Héraclès reconnaît encore son père et place son projet de
tuer Eurysthée dans le cadre du sacrifice commencé : c'est ainsi qu'il
reprend ses attributs, arc et massue, avec lesquels il va tuer ses enfants.
99. Le participe utilisé par le messager pour décrire le rire, et qui
occupe en grec près de la moitié du vers, appartient au vocabulaire
musical et désigne le fait de mal frapper les cordes.

ἐξὸν μιᾶς μοι χειρὸς εὖ θέσθαι τάδε ;
ὅταν δ᾽ ἐνέγκω δεῦρο κρᾶτ᾽ Εὐρυσθέως,
ἐπὶ τοῖσι νῦν θανοῦσιν ἁγνιῶ χέρας.   940
Ἐκχεῖτε πηγάς, ῥίπτετ᾽ ἐκ χειρῶν κανᾶ.
Τίς μοι δίδωσι τόξα ; τίς <δ᾽> ὅπλον χερός ;
πρὸς τὰς Μυκήνας εἶμι· λάζυσθαι χρεὼν
μοχλοὺς δικέλλας θ᾽, ὥστε Κυκλώπων βάθρα
φοίνικι κανόνι καὶ τύκοις ἡρμοσμένα   945
στρεπτῷ σιδήρῳ συντριαινώσειν πάλιν. »
Ἐκ τοῦδε βαίνων ἅρματ᾽ οὐκ ἔχων ἔχειν
ἔφασκε, δίφρου τ᾽ εἰσέβαινεν ἄντυγα
κἄθεινε, κέντρῳ δῆθεν ὡς θείνων χερί.
Διπλοῦς δ᾽ ὀπαδοῖς ἦν γέλως φόβος θ᾽ ὁμοῦ.   950
Καί τις τόδ᾽ εἶπεν, ἄλλος εἰς ἄλλον δρακών·
« Παίζει πρὸς ἡμᾶς δεσπότης ἢ μαίνεται ; »
Ὁ δ᾽ εἷρπ᾽ ἄνω τε καὶ κάτω κατὰ στέγας,
μέσον δ᾽ ἐς ἀνδρῶν᾽ ἐσπεσὼν Νίσου πόλιν
ἥκειν ἔφασκε, δωμάτων ἔσω βεβώς,   955
κλιθεὶς δ᾽ ἐς οὖδας, ὡς ἔχει, σκευάζεται
θοίνην. Διελθὼν δ᾽ ἐς βραχὺν χρόνον μονῆς,
Ἰσθμοῦ ναπαίας ἔλεγε προσβαίνειν πλάκας.
Κἀνταῦθα γυμνὸν σῶμα θεὶς πορπαμάτων,
πρὸς οὐδέν᾽ ἡμιλλᾶτο κἀκηρύσσετο   960
αὐτὸς πρὸς αὐτοῦ καλλίνικος οὐδενός,

---

100. Les Cyclopes passaient pour avoir construit les remparts de
Mycènes, autre nom d'Argos, la ville d'Eurysthée.

101. Le messager est un des serviteurs. Au début de son récit,
quand le monde qu'il décrit s'inscrit dans la normalité, quand
quelque chose comme une communauté existe, il utilise la première
personne du pluriel (voir le vers 927). Confronté à l'irrationnel, il
s'abstrait de l'événement qu'il raconte. La première personne du pluriel reviendra au vers 1009, quand l'intervention d'Athéna aura mis
fin à l'action de Lyssa.

Alors que je peux tout arranger en même temps ?
Quand j'aurai rapporté ici la tête d'Eurysthée,
Je rendrai mes mains pures de ces morts-ci.   940
Jetez l'eau, ôtez la corbeille de vos mains,
Qu'on me donne mon arc, qu'on me donne ma massue ;
Je vais à Mycènes ; je dois prendre
Des leviers et des pioches : les fondations ajustées par
                                        [les Cyclopes [100]
Au moyen du fil rouge et du ciseau,   945
Avec le fer courbe, je vais les démanteler. »
Sur quoi il se mit à marcher, affirmant avoir un char
Qu'il n'avait pas : il était monté dans la nacelle
Et frappait du bras pensant frapper avec l'aiguillon.
Les serviteurs [101] étaient pris d'un rire double comme leur 950
                                        [effroi.
Ils se regardaient l'un l'autre et l'un dit :
« Il joue avec nous, notre maître, ou il est fou ? »
Lui allait et venait çà et là dans le palais :
Se retrouvant au milieu de la grande salle, il se disait arrivé
Dans la ville de Nisos [102], entré dans son palais.   955
Il s'allonge sur le sol et, tel quel, se prépare
Un banquet. Passant un court moment de repos,
Il dit marcher vers les plateaux vallonnés de l'Isthme.
Là, il dégrafe son manteau, se met nu,
Lutte contre personne puis se proclame,   960
De son propre chef, grand vainqueur de personne,

---

102. La ville de Nisos est Mégare, nommée ici d'après le nom
d'un de ses rois ; elle est, comme l'Isthme (vers 958), une étape sur
le chemin de Thèbes à Mycènes. Les références géographiques sont
précises. Héraclès imagine participer en route d'abord à un banquet
puis aux Jeux Isthmiques, un concours sportif qui était organisé entre
les cités grecques : les athlètes y concouraient complètement nus et la
lutte était une des cinq épreuves du pentathlon. C'est bien le monde
des spectateurs ; leur imaginaire aussi : Héraclès est par excellence le
héros qui va et vient à travers toute la Grèce (voir le premier *stasimon*). La quasi-normalité garantit à l'horreur qui va suivre une effi-
cacité totale.

ἀκοὴν ὑπειπών. Δεινὰ δ' Εὐρυσθεῖ βρέμων
ἦν ἐν Μυκήναις τῷ λόγῳ. Πατὴρ δέ νιν
θιγὼν κραταιᾶς χειρὸς ἐννέπει τάδε·
« Ὦ παῖ, τί πάσχεις ; τίς ὁ τρόπος ξενώσεως   965
τῆσδ' ; οὔ τί που φόνος σ' ἐβάκχευσεν νεκρῶν,
οὓς ἄρτι καίνεις ; » Ὁ δέ νιν Εὐρυσθέως δοκῶν
πατέρα προταρβοῦνθ' ἱκέσιον ψαύειν χερός,
ὠθεῖ, φαρέτραν δ' εὐτρεπῆ σκευάζεται
καὶ τόξ' ἑαυτοῦ παισί, τοὺς Εὐρυσθέως   970
δοκῶν φονεύειν. Οἳ δὲ ταρβοῦντες φόβῳ
ὤρουον ἄλλος ἄλλοσ', ἐς πέπλους ὃ μὲν
μητρὸς ταλαίνης, ὃ δ' ὑπὸ κίονος σκιάν,
ἄλλος δὲ βωμὸν ὄρνις ὣς ἔπτηξ' ὕπο.
Βοᾷ δὲ μήτηρ· « Ὦ τεκών, τί δρᾷς ; τέκνα   975
κτείνεις ; » Βοᾷ δὲ πρέσβυς οἰκετῶν τ' ὄχλος.
Ὁ δ' ἐξελίσσων παῖδα κίονος κύκλῳ
τόρνευμα δεινὸν ποδός, ἐναντίον σταθεὶς
βάλλει πρὸς ἧπαρ· ὕπτιος δὲ λαΐνους
ὀρθοστάτας ἔδευσεν ἐκπνέων βίον.   980
Ὁ δ' ἠλάλαξε κἀπεκόμπασεν τάδε·
« Εἷς μὲν νεοσσὸς ὅδε θανὼν Εὐρυσθέως
ἔχθραν πατρῴαν ἐκτίνων πέπτωκέ μοι. »
Ἄλλῳ δ' ἐπεῖχε τόξ', ὃς ἀμφὶ βωμίαν
ἔπτηξε κρηπῖδ' ὡς λεληθέναι δοκῶν.   985
Φθάνει δ' ὁ τλήμων γόνασι προσπεσὼν πατρὸς
καὶ πρὸς γένειον χεῖρα καὶ δέρην βαλών·
« Ὦ φίλτατ', αὐδᾷ, μή μ' ἀποκτείνῃς, πάτερ·
σός εἰμι, σὸς παῖς· οὐ τὸν Εὐρυσθέως ὀλεῖς. »
Ὁ δ' ἀγριωπὸν ὄμμα Γοργόνος στρέφων,   990

Après avoir réclamé le silence ! Il gronde des choses
                    [effroyables contre Eurysthée,
Étant, dit-il, à Mycènes. Son père
Saisit sa main puissante et dit ces paroles :
« Mon enfant, qu'est-ce qui t'arrive ? C'est quoi cette façon 965
                    [de voyage ?
Ne serait-ce pas le sang des cadavres qui te fait délirer ?
De ceux que tu viens de tuer ? » Mais pensant que c'est le
                    [père d'Eurysthée
Qui, effrayé, le supplie en lui touchant la main,
Il le repousse et s'équipe, prêts à servir, d'un carquois
Et de flèches, pour ses enfants – ceux d'Eurysthée,   970
Pense-t-il – pour les tuer. Eux terrorisés d'effroi
Bondirent en tous sens, l'un vers les voiles
De sa mère misérable, l'autre, dans l'ombre d'une colonne ;
L'autre, comme un oiseau, se recroquevilla au pied de l'autel.
La mère crie : « Tu es leur père ! Qu'est-ce que tu fais ? 975
                    [Tes enfants,
Tu les tues ? » Le vieillard crie, la troupe des serviteurs crie.
Lui poursuit l'enfant en cercle autour de la colonne
Et dans une volte-face effrayante se dressant devant lui,
Le frappe au foie ; en se renversant, il inonda la colonne
De pierre et, dans un souffle, rendit sa vie.   980
L'autre hurla sa joie et se glorifia en clamant ces mots :
« Et d'un ! Voilà mort un petit d'Eurysthée !
Il a payé de sa chute la haine de son père contre moi ! »
Contre un autre, il dirigea ses flèches : celui qui, contre
                    [la base
De l'autel, s'était recroquevillé, pensant qu'on l'oublierait. 985
Il tente, le pauvre, de devancer son père : il se jette à ses
                    [genoux,
Lance ses bras vers son menton et son cou :
« Père bien aimé, dit-il, ne me tue pas !
Je suis à toi ! C'est ton enfant, pas celui d'Eurysthée, que
                    [tu vas tuer ! »
Lui roulant un regard farouche de Gorgone,   990

ὡς ἐντὸς ἔστη παῖς λυγροῦ τοξεύματος,
μυδροκτύπον μίμημ' ὑπὲρ κάρα βαλὼν
ξύλον καθῆκε παιδὸς ἐς ξανθὸν κάρα,
ἔρρηξε δ'ὀστᾶ. Δεύτερον δὲ παῖδ' ἑλών,
χωρεῖ τρίτον θῦμ' ὡς ἐπισφάξων δυοῖν.   995
Ἀλλὰ φθάνει νιν ἡ τάλαιν' ἔσω δόμων
μήτηρ ὑπεκλαβοῦσα, καὶ κλῄει πύλας.
Ὃ δ' ὡς ἐπ' αὐτοῖς δὴ Κυκλωπείοισιν ὢν
σκάπτει, μοχλεύει θύρετρα, κἀκβαλὼν σταθμὰ
δάμαρτα καὶ παῖδ' ἑνὶ κατέστρωσεν βέλει.   1000
Κἀνθένδε πρὸς γέροντος ἱππεύει φόνον·
ἀλλ' ἦλθεν εἰκών, ὡς ὁρᾶν ἐφαίνετο,
Παλλὰς κραδαίνουσ' ἔγχος † ἐπὶ λόφῳ κέαρ, †
κἄρριψε πέτρον στέρνον εἰς Ἡρακλέους,
ὅς νιν φόνου μαργῶντ' ἐπέσχε κεἰς ὕπνον   1005
καθῆκε· πίτνει δ' ἐς πέδον, πρὸς κίονα
νῶτον πατάξας, ὃς πεσήμασι στέγης
διχορραγὴς ἔκειτο κρηπίδων ἔπι.

Ἡμεῖς δ' ἐλευθεροῦντες ἐκ δρασμῶν πόδα   1010
σὺν τῷ γέροντι δεσμὰ σειραίων βρόχων   1009
ἀνήπτομεν πρὸς κίον', ὡς λήξας ὕπνου
μηδὲν προσεργάσαιτο τοῖς δεδραμένοις.
Εὕδει δ' ὁ τλήμων ὕπνον οὐκ εὐδαίμονα,
παῖδας φονεύσας καὶ δάμαρτ'· ἐγὼ μὲν οὖν
οὐκ οἶδα θνητῶν ὅστις ἀθλιώτερος.   1015

ΧΟ.   Ὁ φόνος ἦν ὃν Ἀργολὶς ἔχει πέτρα
τότε μὲν περισαμότατος καὶ ἄπιστος Ἑλλάδι

---

103. Athéna arrête la course d'Héraclès. À cet endroit, le texte
est corrompu : plutôt que d'accepter des corrections qui aplatissent
le texte, j'ai préféré traduire ce qui du texte transmis faisait sens et
indiquer une lacune. Le messager tente de reconstruire quelque chose
qui, dans sa fulgurance, a échappé à sa vision : c'est ainsi que je
comprends l'emploi du mot *eikôn*, « une semblance, une image », au
vers 1002.

Comme l'enfant se trouvait dans la zone de tension de
                     [son arc de mort,
Levant au-dessus de sa tête l'imitation du geste de battre
                     [le fer,
Abat sa massue sur la tête blonde de l'enfant
Et lui brise les os. Après avoir tué ce deuxième enfant,
Il s'avance vers la troisième victime pour l'égorger sur les   995
                     [deux autres.
La pauvre mère veut le devancer : pour le cacher dans le
                     [palais,
Elle enlève l'enfant et ferme les portes.
Lui se croyant pour de bon devant les réalisations des
                     [Cyclopes,
Sape, fait sauter les portes au levier, arrache les jambages
Et abat l'épouse et l'enfant d'un seul trait.   1000
Sur quoi, il court vers le vieillard, chevauchant le meurtre.
Alors survint une image : se manifestait à la vue
Pallas secouant sa lance et son aigrette †... [103] †
Et elle lança une pierre contre la poitrine d'Héraclès ;
Loin du meurtre, elle retint le forcené et le précipita dans   1005
                     [le sommeil.
Il s'écroule à terre et heurte avec le dos
Une colonne qui, dans l'effondrement du toit,
S'était brisée en deux et gisait renversée sur sa base.
Nous dégageant de nos refuges,
Avec le vieillard, nous avons attaché des liens de cordes   1010
Serrées en lacet à la colonne pour que, mettant fin au   1009
                     [sommeil,
Il n'ajoute pas de forfait aux actes déjà commis.
Il dort, le malheureux, d'un sommeil qui n'est pas du
                     [bonheur :
Il a tué ses enfants et son épouse ; moi,
Je ne connais pas un mortel frappé de plus d'épreuves.   1015

LE CHŒUR

Le crime que conserve le rocher d'Argos
Autrefois la Grèce l'avait, absolument spectaculaire et
                     [le meilleur :

τῶν Δαναοῦ παίδων· τὰ δ᾽ ὑπερέβαλε, παρέ-
δραμε τὰ τότε κακά.   1020
   Τάλανι διογενεῖ κόρῳ
μονοτέκνου Πρόκνης φόνον ἔχω λέξαι
θυόμενον Μούσαις·
σὺ δὲ τέκνα τρίγονα τεκόμενος, ὦ δάιε,
λυσσάδι συγκατειργάσω μοίρᾳ.

   Ἒ ἔ· τίνα στεναγμὸν   1025
ἢ γόον ἢ φθιτῶν
ᾠδάν, ἢ τὸν Ἅιδα χορὸν ἀχήσω ;

   Φεῦ φεῦ·
ἴδεσθε, διάνδιχα κλῆθρα
κλίνεται ὑψιπύλων δόμων.   1030

   Ἰώ μοι·
ἴδεσθε τάδε τέκνα πρὸ πατρὸς
ἄθλια κείμενα δυστάνου,
εὕδοντος ὕπνον δεινὸν ἐκ παίδων φόνου·

---

104. Comme souvent dans la tragédie, le chœur, pour comprendre l'événement auquel il est confronté, le compare à d'autres
événements de même nature, rapportés par la tradition mythique. Le
premier exemple concerne les cinquante filles de Danaos qui, poursui-
vies par leurs cousins, impatients de les épouser, se réfugient à
Argos où, contraintes au mariage, elles tuent (à l'exception de l'une
d'elle) leurs époux pendant la nuit de noces. L'horreur du crime se
mesure ici au nombre des meurtrières et des victimes ainsi qu'aux cir-
constances dans lesquelles il est commis. Une trilogie d'Eschyle, dont
on a conservé la première pièce, avait ce mythe pour sujet. Le chœur
dispose de la tradition tragique comme il dispose de toutes les
autres traditions.

Le crime des enfants de Danaos ; mais ces actes-ci vont plus
                                                    [loin,
Distancent le mal d'autrefois [104],   1020

Contre le malheureux garçon né de Zeus.
Le crime de Procné à l'unique enfant, je peux le dire
Sacrifice aux Muses [105] *;*
Mais toi, après avoir fait des enfants, trois engendrements,
                                                    [tueur,
Tu as prêté la main à un destin enragé.

Ô douleur ! Gémissement,   1025
Lamentation, chant des morts,
Chœur d'Hadès, quoi chanter ?

Malheur ! ô malheur !
Voyez : les deux battants
Des hautes portes du palais basculent.   1030

Malheur pour moi !
Voyez les enfants ! Devant leur père,
Les pauvres, ils sont là à terre, devant lui, pitoyable,
Qui dort d'un sommeil terrible, après avoir tué ses enfants ;

---

105. Ce deuxième exemple concerne l'histoire de Procné : Térée, son mari, devenu amoureux de Philomèle, sa belle-sœur, la viole ; pour se venger, Procné, avec l'aide de Philomèle, tue leur fils unique, Itys. Transformée en rossignol, elle se lamente éternellement sur le sort d'Itys. Les références à ce mythe sont un lieu commun dans la poésie et la tragédie grecques où elles figurent le processus de sublimation propre au chant. Contrairement à Procné, Héraclès tue ses trois enfants et ne collabore pas avec les Muses, mais avec une divinité du délire : *lussádi moírai*, « un destin enragé », où l'adjectif *lussás* est formé par Euripide sur le nom de Lyssa, la Rage. De ce fait, le chœur, qui connaît pourtant tout le répertoire lyrique, ne dispose pas de chant adapté à l'événement (voir vers 1025-1027) et son chant se dissout dans la description du spectacle : un dispositif scénique, une sorte de chariot à roulettes, amène, pendant qu'il parle, les corps sur scène.

περὶ δὲ δεσμὰ καὶ πολύβροχ' ἁμμάτων   1035
ἐρείσμαθ' Ἡράκλειον
ἀμφὶ δέμας τάδε λαΐνοις
ἀνημμένα κίοσιν οἴκων.
  Ὁ δ' ὥς τις ὄρνις ἄπτερον καταστένων
ὠδῖνα τέκνων, πρέσβυς ὑστέρῳ ποδὶ   1040
πυκνὴν διώκων ἤλυσιν πάρεσθ' ὅδε.

ΑΜ. Καδμεῖοι γέροντες, οὐ σῖγα σῖ‾
γα τὸν ὕπνῳ παρειμένον ἐάσετ' ἐκ‾
λαθέσθαι κακῶν ;

ΧΟ. Κατὰ σὲ δακρύοις στένω, πρέσβυ, καὶ   1045
τέκεα καὶ τὸ καλλίνικον κάρα.

ΑΜ. Ἑκαστέρω πρόβατε, μὴ
κτυπεῖτε, μὴ βοᾶτε, μὴ
τὸν εὔδι' ἰαύονθ'
ὑπνώδεά τ' εὐνᾶς ἐγείρετε.   1050

ΧΟ. Οἴμοι·
φόνος ὅσος ὅδ' ... ΑΜ. Ἆ ἆ,
διά μ' ὀλεῖτε. ΧΟ. κεχυμένος ἐπαντέλλει.

---

106. Les vers 1042-1085 constituent un dialogue lyrique entre Amphitryon et le chœur : il se substitue au chant du chœur ; ce dernier a été mis en échec par le caractère inouï de l'événement (vers 1016-1041) et voudrait se réfugier dans le rituel, la déploration funèbre, mais Amphitryon le fait taire. Après cela, le chœur ne reprend plus la parole : son chant de sortie se résume à deux vers, les deux derniers de la tragédie.

Autour, des câbles et un réseau d'attaches   1035
À la maille serrée retient
Le corps d'Héraclès
Fixé aux colonnes de pierre du palais.

LE CORYPHÉE

Lui, comme un oiseau pleurant les enfantements
Sans envol des petits, le vieillard, qui est à la traîne,   1040
Hâte l'allure pour les suivre. Le voici arrivé.

AMPHITRYON

Vieillards cadméens, taisez-vous, taisez-vous,
Celui que le sommeil a abattu, n'allez-vous pas le laisser
Oublier son malheur [106] ?

LE CHŒUR

Sur toi, je pleure, vieillard, et je gémis   1045
Et sur les enfants et sur lui, le héros à la belle victoire !

AMPHITRYON

Allez plus loin, pas
De bruit, pas de cris !
Il dort, il est calme,
Engourdi, qu'il ne se lève pas de sa couche !   1050

LE CHŒUR

Malheur !
Tout ce sang...

AMPHITRYON

                    Non ! Non !
Vous allez me tuer !

LE CHŒUR

                    ... Qu'il a versé et qui se lève !

ΑΜ. Οὐκ ἀτρεμαῖα θρῆνον αἰάξετ᾽, ὦ γέροντες ;
μὴ δέσμ᾽ ἀνεγειρόμενος χαλάσας ἀπολεῖ πόλιν,   1055
ἀπὸ δὲ πατέρα, μέλαθρά τε καταράξει.

ΧΟ. Ἀδύνατ᾽ ἀδύνατά μοι.

ΑΜ. Σῖγα, πνοὰς μάθω· φέρε πρὸς οὖς βάλω.

ΧΟ. Εὕδει ; **ΑΜ.** Ναί, εὕδει   1060
ὕπνον ὕπνον ὀλόμενον, ὃς ἔκανεν ἄλοχον, ἔ-
κανε δὲ τέκεα, τοξήρει ψαλμῷ τοξεύσας.

ΧΟ. Στέναζέ νυν **ΑΜ.** Στενάζω.   1065

ΧΟ. τέκνων ὄλεθρον **ΑΜ.** Ἰώ μοι.

ΧΟ. σέθεν τε παιδός. **ΑΜ.** Αἰαῖ.

AMPHITRYON

N'allez-vous pas, du chant de deuil, adoucir les plaintes,
[vieillards ?
S'il se réveille et desserre ses liens, il risque de tuer toute 1055
[la cité,
De tuer son père et de détruire entièrement le palais.

LE CHŒUR

Je ne peux pas ! Je ne peux pas !

AMPHITRYON

Taisez-vous ! Que j'écoute sa respiration ; là, j'approche l'oreille.

LE CHŒUR

Il dort ?

AMPHITRYON

Il dort, oui, 1060
Un sommeil, un sommeil de mort, celui qui a tué sa femme, tué
Ses enfants, les atteignant par une vibration de son arc.

LE CHŒUR

Gémis.

AMPHITRYON

Oui, je gémis. 1065

LE CHŒUR

Sur la mort des enfants !

AMPHITRYON

Douleur pour moi !

LE CHŒUR

Sur celle de ton fils !

AMPHITRYON

Hélas !

ΧΟ. Ὦ πρέσβυ... ΑΜ. Σῖγα σῖγα·
     παλίντροπος ἐξεγειρόμενος στρέφεται· φέρ᾽
     ἀπόκρυφον δέμας ὑπὸ μέλαθρον κρύψω.   1070

ΧΟ. Θάρσει· νὺξ ἔχει βλέφαρα παιδὶ σῷ.

ΑΜ. Ὁρᾶθ᾽ ὁρᾶτε. Τὸ φάος ἐκ-
     λιπεῖν μὲν ἐπὶ κακοῖσιν οὐ
     φεύγω τάλας, ἀλλ᾽ εἴ με κανεῖ πατέρ᾽ ὄντα,
     πρὸς δὲ κακοῖς κακὰ μήσεται   1075
     πρὸς Ἐρινύσι θ᾽ αἷμα σύγγονον ἕξει.

ΧΟ. Τότε θανεῖν σ᾽ ἐχρῆν, ὅτε δάμαρτι σᾷ
     φόνον ὁμοσπόρων ἔμελλες πράξειν
     Ταφίων περίκλυστον ἄστυ πέρσας.   1080

ΑΜ. Φυγᾷ φυγᾷ, γέροντες, ἀποπρὸ δωμάτων
     διώκετε, φεύγετε μάργον
     ἄνδρ᾽ ἐπεγειρόμενον.
     <Ἢ> τάχα φόνον ἕτερον ἐπὶ φόνῳ βαλὼν
     ἀναβακχεύσει Καδμείων πόλιν.   1085

ΧΟ. Ὦ Ζεῦ, τί παῖδ᾽ ἤχθηρας ὧδ᾽ ὑπερκότως
     τὸν σόν, κακῶν δὲ πέλαγος ἐς τόδ᾽ ἤγαγες ;

LE CHŒUR
Ah ! Vieillard !

AMPHITRYON
   Taisez-vous ! Taisez-vous !
Il revient à lui, il se réveille, il s'agite ; vite,
Je vais me cacher dans le palais pour qu'il ne me voie pas. 1070

LE CHŒUR
N'aie pas peur : la nuit tient les paupières de ton fils.

AMPHITRYON
Attention ! Attention ! Quitter
La lumière, après ces malheurs,
N'effraie pas le pauvre homme que je suis, mais s'il me tue moi,
          [son père,
En plus des malheurs, il aura conçu des malheurs, 1075
Et en plus des Érinyes, obtenu le sang d'un père.

LE CHŒUR
Tu aurais dû mourir quand, pour gagner ton épouse
Tu étais sur le point de venger le meurtre de ses frères
En détruisant la cité des Taphiens battue par les vagues. 1080

AMPHITRYON
Fuyez, fuyez, vieillards, loin du palais !
Hâtez-vous, fuyez l'homme
Enragé, il se réveille,
Bientôt, il va ajouter aux meurtres une autre sorte de meurtres
et bondir comme un bacchant dans la cité des Cadméens. 1085

LE CHŒUR
Ô Zeus, ton enfant, pourquoi l'as-tu haï avec cet excès de
          [colère,
Pourquoi l'as-tu conduit jusqu'à cette haute mer de malheurs ?

ΗΡ. Ἔα·
ἔμπνους μέν εἰμι καὶ δέδορχ᾽ ἅπερ με δεῖ,
αἰθέρα τε καὶ γῆν τόξα θ᾽ Ἡλίου τάδε·   1090
ὡς ἐν κλύδωνι καὶ φρενῶν ταράγματι
πέπτωκα δεινῷ καὶ πνοὰς θερμὰς πνέω
μετάρσι᾽, οὐ βέβαια, πνευμόνων ἄπο.
    Ἰδού, τί δεσμοῖς ναῦς ὅπως ὡρμισμένος
νεανίαν θώρακα καὶ βραχίονα,   1095
πρὸς ἡμιθραύστῳ λαΐνῳ τυκίσματι
ἦμαι, νεκροῖσι γείτονας θάκους ἔχων ;
πτερωτά τ᾽ ἔγχη τόξα τ᾽ ἔσπαρται πέδῳ,
ἃ πρὶν παρασπίζοντ᾽ ἐμοῖς βραχίοσιν
ἔσῳζε πλευρὰς ἐξ ἐμοῦ τ᾽ ἐσῴζετο.   1100
Οὔ που κατῆλθον αὖθις εἰς Ἅιδου πάλιν
Εὐρυσθέως δίαυλον ἐξ Ἅιδου μολών ;
Ἀλλ᾽ οὔτε Σισύφειον εἰσορῶ πέτρον
Πλούτωνά τ᾽ οὐδὲ σκῆπτρα Δήμητρος κόρης.
    Ἐκ τοι πέπληγμαι· ποῦ ποτ᾽ ὢν ἀμηχανῶ ;   1105
    Ὠή, τίς ἐγγὺς ἢ πρόσω φίλων ἐμῶν,
δύσγνοιαν ὅστις τὴν ἐμὴν ἰάσεται ;
σαφῶς γὰρ οὐδὲν οἶδα τῶν εἰωθότων.

ΑΜ. Γέροντες, ἔλθω τῶν ἐμῶν κακῶν πέλας ;

ΧΟ. Κἀγώ γε σὺν σοί, μὴ προδῶ σὰς συμφοράς.   1110

ΗΡ. Πάτερ, τί κλαίεις καὶ συναμπίσχῃ κόρας,
τοῦ φιλτάτου σοι τηλόθεν παιδὸς βεβώς ;

ΑΜ. Ὦ τέκνον· εἶ γὰρ καὶ κακῶς πράσσων ἐμός.

---

107. Euripide se sert des représentations que lui fournissent la cosmologie et la médecine de son époque pour construire l'opposition entre un monde intérieur bouleversé et un monde général extérieur, parfaitement ordonné et normal. Les mêmes éléments – air et feu – se retrouvent dans les deux mondes.

HÉRACLÈS

Ah ! Qu'est-ce ?
Je respire et je vois ce que je dois voir,
Le ciel et la terre et là, les flèches du soleil.   1090
Je suis tombé comme dans une vague et un trouble de l'esprit
Terrible, et j'expire de mes poumons de l'air brûlant,
Avec une respiration qui me soulève et n'est pas calme [107].
Mais quoi ? Pourquoi, par des cordages suis-je amarré
[comme un bateau ?
Pourquoi avec ma jeune poitrine et mon bras attachés,   1095
Appuyé contre un ouvrage de pierre à demi brisé,
Suis-je assis, occupant une place qu'avoisinent des morts ?
Mes flèches ailées et mon arc sont éparpillés sur le sol.
Autrefois ils étaient pour mon bras un bouclier :
Ils défendaient mon corps et je les défendais.   1100
Non, je ne suis pas redescendu dans l'Hadès :
La double course d'Eurysthée, je ne l'ai pas courue,
[partant de l'Hadès.
Je ne vois ni le rocher de Sisyphe,
Ni Pluton, ni non plus le sceptre de la fille de Déméter.
C'est sûr, le choc a été terrible. Où suis-je, sans ressources ? 1105
Holà ! Y a-t-il, près ou loin, un ami
Qui puisse soigner mon ignorance ?
Je ne reconnais avec certitude rien de ce qui m'était habituel.

AMPHITRYON

Vieillards, est-ce que je me rapproche de mon malheur ?

LE CHŒUR

Je me rapproche avec toi pour ne pas déserter ton épreuve. 1110

HÉRACLÈS

Père, pourquoi pleures-tu ? Pourquoi te couvres-tu les yeux,
Et te tiens-tu loin de moi, ton fils, que tu aimes tant ?

AMPHITRYON

Ô mon enfant ; car tu es mon enfant même quand tu es
[malheureux.

ΗΡ. Πράσσω δ' ἐγώ τι λυπρόν, οὗ δακρυρροεῖς ;

ΑΜ. Ἃ κἂν θεῶν τις, εἰ πάθοι, καταστένοι.   1115

ΗΡ. Μέγας γ' ὁ κόμπος, τὴν τύχην δ' οὔπω λέγεις.

ΑΜ. Ὁρᾷς γὰρ αὐτός, εἰ φρονῶν ἤδη κυρεῖς.

ΗΡ. Εἴπ', εἴ τι καινὸν ὑπογράφῃ τὠμῷ βίῳ.

ΑΜ. Εἰ μηκέθ' Ἅιδου βάκχος εἶ, φράσαιμεν ἄν.

ΗΡ. Παπαῖ, τόδ' ὡς ὕποπτον ᾐνίξω πάλιν.   1120

ΑΜ. Καί γ' εἰ βεβαίως εὖ φρονεῖς, ἤδη σκοπῶ.

ΗΡ. Οὐ γάρ τι βακχεύσας γε μέμνημαι φρένας.

ΑΜ. Λύσω, γέροντες, δεσμὰ παιδός, ἢ τί δρῶ ;

ΗΡ. Καὶ τόν γε δήσαντ' εἴπ'· ἀναινόμεσθα γάρ.

ΑΜ. Τοσοῦτον ἴσθι τῶν κακῶν· τὰ δ' ἄλλ' ἔα.   1125

HÉRACLÈS
Malheureux ? Moi ? Et sur ce malheur, tu verses des larmes ?

AMPHITRYON
Sur ça, même un dieu, s'il pouvait souffrir, gémirait.   1115

HÉRACLÈS
Tu fais grand bruit, mais l'événement, tu ne le dis pas.

AMPHITRYON
C'est que tu peux le voir si désormais tu as ton esprit.

HÉRACLÈS
Si tu ajoutes à ma vie un épilogue inouï, dis-le.

AMPHITRYON
Si tu n'es plus un bacchant d'Hadès, je vais t'expliquer.

HÉRACLÈS
Hélas ! J'ai peur de la suite et tu vas encore parler par énigmes !   1120

AMPHITRYON
C'est vrai, je t'examine pour voir si ta raison est solide.

HÉRACLÈS
Je ne me souviens pas d'avoir eu l'esprit d'un bacchant.

AMPHITRYON
Vieillards, est-ce que j'enlève à mon fils ses liens ? Que dois-je
                                                        [faire ?

HÉRACLÈS
Dis qui les a serrés ; je le vomis.

AMPHITRYON
De tes maux, reconnais le plus grand ; le reste, laisse-le.   1125

ΗΡ. Ἀρκεῖ σιωπὴ γὰρ μαθεῖν ὃ βούλομαι ;

ΑΜ. Ὦ Ζεῦ, παρ' Ἥρας ἆρ' ὁρᾷς θρόνων τάδε ;

ΗΡ. Ἀλλ' ἦ τι κεῖθεν πολέμιον πεπόνθαμεν ;

ΑΜ. Τὴν θεὸν ἐάσας τὰ σὰ περιστέλλου κακά.

ΗΡ. Ἀπωλόμεσθα· συμφορὰν λέξεις τινά.   1130

ΑΜ. Ἰδού, θέασαι τάδε τέκνων πεσήματα.

ΗΡ. Οἴμοι· τίν' ὄψιν τήνδε δέρκομαι τάλας ;

ΑΜ. Ἀπόλεμον, ὦ παῖ, πόλεμον ἔσπευσας τέκνοις.

ΗΡ. Τί πόλεμον εἶπας ; τούσδε τίς διώλεσε ;

ΑΜ. Σὺ καὶ σὰ τόξα καὶ θεῶν ὃς αἴτιος.   1135

ΗΡ. Τί φῄς ; τί δράσας ; ὦ κάκ' ἀγγέλλων πάτερ.

ΑΜ. Μανείς· ἐρωτᾷς δ' ἄθλι' ἑρμηνεύματα.

HÉRACLÈS

Ton silence me suffit-il pour apprendre ce que je veux ?

AMPHITRYON

Ô Zeus, ce qui nous est venu du trône d'Héra, tu le vois ?

HÉRACLÈS

Est-ce de là-haut que vient l'assaut que j'ai subi ?

AMPHITRYON

Oublie la déesse et occupe-toi de ton malheur.

HÉRACLÈS

Je suis mort ; c'est un malheur que tu vas dire.   1130

AMPHITRYON

Tiens, regarde, ces corps d'enfants, tombés.

HÉRACLÈS

Oh ! Quelle est cette vision que je vois, malheureux ?

AMPHITRYON

Dans une guerre non guerre, mon fils, ton ardeur a agi
                              [contre tes enfants.

HÉRACLÈS

Quelle guerre tu dis ? Ces enfants, qui les a tués ?

AMPHITRYON

Toi, ton arc, et le dieu responsable.   1135

HÉRACLÈS

Que dis-tu ? Qu'ai-je fait ? Ô mon père messager de malheurs !

AMPHITRYON

Tu étais fou ! Mais tu demandes des éclaircissements
                              [douloureux.

ΗΡ.   Ἦ καὶ δάμαρτός εἰμ' ἐγὼ φονεὺς ἐμῆς ;

ΑΜ.   Μιᾶς ἄπαντα χειρὸς ἔργα σῆς τάδε.

ΗΡ.   Αἰαῖ· στεναγμῶν γάρ με περιβάλλει νέφος.   1140

ΑΜ.   Τούτων ἕκατι σὰς καταστένω τύχας.

ΗΡ.   Ἦ γὰρ συνήραξ' οἶκον ἢ 'βάκχευσ' ἐμέ ;

ΑΜ.   Οὐκ οἶδα πλὴν ἕν· πάντα δυστυχεῖ τὰ σά.

ΗΡ.   Ποῦ δ' οἶστρος ἡμᾶς ἔλαβε ; ποῦ διώλεσεν ;

ΑΜ.   Ὅτ' ἀμφὶ βωμὸν χεῖρας ἡγνίζου πυρί.   1145

ΗΡ.   Οἴμοι· τί δῆτα φείδομαι ψυχῆς ἐμῆς
         τῶν φιλτάτων μοι γενόμενος παίδων φονεύς,
         κοὐκ εἶμι πέτρας λισσάδος πρὸς ἅλματα,
         ἢ φάσγανον πρὸς ἧπαρ ἐξακοντίσας
         τέκνοις δικαστὴς αἵματος γενήσομαι ;   1150
         ἢ σάρκα † τὴν ἐμὴν ἐμπρήσας † πυρί,
         δύσκλειαν ἣ μένει μ' ἀπώσομαι βίου ;
             Ἀλλ' ἐμποδών μοι θανασίμων βουλευμάτων

---

108. Comme on l'a souvent remarqué, Héraclès n'adopte pas le
mode lyrique de la déploration. Avec la question posée au vers 1146,
dans le mètre du dialogue, il entre dans celui de l'argumentation (sur
l'action à accomplir après le désastre), qui va occuper toute la fin de
la tragédie.

HÉRACLÈS

Est-ce que je suis aussi le meurtrier de ma femme ?

AMPHITRYON

Tous ces actes sont le fait d'une seule main, la tienne.

HÉRACLÈS

Hélas ! Une nuée de plaintes fond sur moi et m'encercle.   1140

AMPHITRYON

C'est pour ça que je pleure sur ton malheur.

HÉRACLÈS

Est-ce qu'elle a détruit la maison, celle qui m'a rendu fou ?

AMPHITRYON

Je ne sais qu'une chose : pour toi, le désastre est total.

HÉRACLÈS

Où la fureur m'a-t-elle pris ? Où m'a-t-elle perdu ?

AMPHITRYON

Quand autour de l'autel, tu purifiais tes mains par le rite   1145
[du feu.

HÉRACLÈS

Hélas ! Pourquoi épargner ma vie [108] ?
De ce qui m'était le plus cher, mes enfants, je suis devenu
[le meurtrier,
Et je n'irais pas vers la chute du haut d'un rocher escarpé ?
Ou, envoyant une épée contre mon foie,
Pour mes enfants, je ne deviendrais pas le vengeur de leur   1150
[sang ?
Ou, en brûlant mon corps sur un bûcher,
Je ne chasserais pas de ma vie la honte qui me reste ?
Mais voici un obstacle à ma décision de mourir :

Θησεὺς ὅδ' ἕρπει συγγενὴς φίλος τ' ἐμός·
ὀφθησόμεσθα, καὶ τεκνοκτόνον μύσος 1155
ἐς ὄμμαθ' ἥξει φιλτάτῳ ξένων ἐμῶν.
Οἴμοι, τί δράσω; ποῖ κακῶν ἐρημίαν
εὕρω, πτερωτὸς ἢ κατὰ χθονὸς μολών;
† φέρ' ἄν τι † κρατὶ περιβάλω σκότος.
Αἰσχύνομαι γὰρ τοῖς δεδραμένοις κακοῖς 1160
καὶ τῶνδε προστρόπαιον αἷμα προσλαβὼν
οὐδὲν κακῶσαι τοὺς ἀναιτίους θέλω.

ΘΗΣΕΥΣ

Ἥκω σὺν ἄλλοις οἳ παρ' Ἀσωποῦ ῥοὰς
μένουσιν ἔνοπλοι γῆς Ἀθηναίων κόροι,
σῷ παιδί, πρέσβυ, σύμμαχον φέρων δόρυ. 1165
Κληδὼν γὰρ ἦλθεν εἰς Ἐρεχθειδῶν πόλιν
ὡς σκῆπτρα χώρας τῆσδ' ἀναρπάσας Λύκος
ἐς πόλεμον ὑμῖν καὶ μάχην καθίσταται.
Τίνων δ' ἀμοιβὰς ὧν ὑπῆρξεν Ἡρακλῆς
σώσας με νέρθεν, ἦλθον, εἴ τι δεῖ, γέρον, 1170
ἢ χειρὸς ὑμᾶς τῆς ἐμῆς ἢ συμμάχων.
Ἔα· τί νεκρῶν τῶνδε πληθύει πέδον;
οὔ που λέλειμμαι καὶ νεωτέρων κακῶν
ὕστερος ἀφῖγμαι; τίς τάδ' ἔκτεινεν τέκνα;
τίνος γεγῶσαν τήνδ' ὁρῶ συνάορον; 1175
οὐ γὰρ δορός γε παῖδες ἵστανται πέλας,
ἀλλ' ἄλλο τοί που καινὸν εὑρίσκω κακόν.

---

109. Thésée est parent d'Héraclès dans la mesure où Aethra, sa mère, et Alcmène, la mère d'Héraclès, descendaient par leurs mères de Pélops, fils de Tantale, selon une tradition attestée dans une autre pièce d'Euripide. La précision vaut généralisation : la relation entre les deux hommes ne se limite pas à l'occasion particulière, l'épisode des Enfers, où l'amitié s'est nouée.

110. Sur l'Asôpos, voir, ci-dessus, la note 77. Le fleuve se situe à la frontière de la région de Thèbes.

Thésée s'avance ; il est mon parent et mon ami [109].
Nous allons en être vu et la souillure du meurtre des enfants   1155
Va toucher le regard du plus cher de mes hôtes.
Hélas ! Que faire ? Un lieu pour éviter le malheur,
Où le trouver ? M'envoler ? Aller sous la terre ?
Allons, jetons sur nous l'ombre d'un manteau !
J'ai honte des horreurs que j'ai commises   1160
Et puisque j'ai répandu sur moi un sang qui attend vengeance,
Je ne veux pas en souiller des innocents.

THÉSÉE

Me voici arrivé avec d'autres qui, près du cours de l'Asopos [110]
Attendent, tout armés, des jeunes gens d'Athènes.
À ton enfant, vieillard, j'apporte ma lance comme alliée.   1165
Un bruit est parvenu jusqu'à la ville d'Érechthée [111] :
Lycos, après s'être emparé du sceptre de ce pays,
Est entré en guerre contre vous et a engagé les combats.
Pour rendre les bienfaits dont Héraclès a pris l'initiative
En me sauvant des Enfers, je suis venu voir si vous avez   1170
                            [besoin, vieillard,
De mon bras ou d'alliés pour les combats.
Mais quoi ? Pourquoi le sol est-il couvert de cadavres ?
Sûrement j'ai été devancé ; ces malheurs, je ne les avais
                            [pas prévus
Et j'arrive après eux ! Qui a tué ces enfants ?
De qui était-elle l'épouse, cette femme que je vois ?   1175
Des combats, les enfants ne s'approchent pas !
Il s'agit d'autre chose : je découvre un malheur inouï.

---

111. La tradition fait d'Érechthée l'un des premiers rois légen-
daires d'Athènes. Au moment où il entre en scène, Thésée, qui s'inscrit
dans cette lignée, insiste sur l'origine athénienne de l'aide qu'il
apporte. Dans la première moitié de la pièce, Amphitryon, impuissant
devant Lycos, déplorait l'inertie de la Grèce. L'arrivée de Thésée,
même si elle intervient à contretemps, réhabilite Athènes. Athènes, où
se déroulaient les concours tragiques, est traditionnellement, dans la
tragédie, la cité qui accueille les suppliants, un lieu de la récon-
ciliation.

ΑΜ. Ὦ τὸν ἐλαιοφόρον ὄχθον ἔχων <ἄναξ>...

ΘΗ. Τί χρῆμά μ᾽ οἰκτροῖς ἐκάλεσας προοιμίοις ;

ΑΜ. ἐπάθομεν πάθεα μέλεα πρὸς θεῶν.   1180

ΘΗ. Οἱ παῖδες οἵδε τίνες, ἐφ᾽ οἷς δακρυρροεῖς ;

ΑΜ. Ἔτεκε μέν <νιν> οὑμὸς ἶνις τάλας·
     τεκόμενος δ᾽ ἔκανε, φόνιον αἷμα τλάς.

ΘΗ. Εὔφημα φώνει.

ΑΜ. Βουλομένοισιν ἐπαγγέλλῃ.   1185

ΘΗ. Ὦ δεινὰ λέξας.

ΑΜ. Οἰχόμεθ᾽ οἰχόμεθα πτανοί.

ΘΗ. Τί φῄς ; τί δράσας ;

---

112. L'expression désigne l'Acropole ; un olivier consacré à Athéna, qui, selon la légende, avait fait don de cet arbre aux Athéniens, se trouvait à cet endroit.

113. Dans cette scène (vers 1178-1213) entre Amphitryon et Thésée – Héraclès, présent sur scène, s'est mis hors jeu en se couvrant la tête –, la partie d'Amphitryon est en mètres lyriques (ce que commente Thésée au vers 1179) ; celle de Thésée, constituée presque exclusivement de questions, reste dans le mètre du dialogue ; au milieu de l'échange, Thésée, comme pour se mettre au diapason de son interlocuteur, s'exprime en demi-vers parlés, plus tendus ; la fin de l'échange vers à vers reprend la structure initiale avant qu'Amphitryon, plus longuement, n'invite Héraclès à se découvrir, prononçant les derniers mètres lyriques de la tragédie. Cette particularité formelle, si elle n'a rien d'exceptionnel, permet d'autonomiser ce moment en le distinguant de ce qui le précède (vers 1109-1177, en mètres parlés) et de ce qui le suit (vers 1228-1254, en mètres parlés) : après avoir multiplié les scènes qui disent la catastrophe envoyée par les dieux pour en montrer la soudaineté et l'intensité, Euripide laisse les personnages en prendre, dans la durée, la mesure.

AMPHITRYON
Toi qui habites la colline plantée d'oliviers[112]...

THÉSÉE
Pourquoi cet appel qui prélude sur le mode plaintif[113] ?

AMPHITRYON
Les souffrances que nous souffrons sont des malheurs venus   1180
                                        [des dieux.

THÉSÉE
Qui sont ces enfants sur lesquels vous pleurez ?

AMPHITRYON
Mon malheureux fils les a engendrés.
Il les a engendrés, il les a tués ; il s'est chargé de la souillure
                                        [de leur sang.

THÉSÉE
Parle en évitant ces mots.

AMPHITRYON
Tu donnes cet ordre à qui voudrait t'obéir.   1185

THÉSÉE
Paroles terrifiantes !

AMPHITRYON
Emportés, nous sommes emportés comme des oiseaux
                                        [maudits !

THÉSÉE
Que veux-tu dire ? Qu'a-t-il fait ?

ΑΜ. Μαινομένῳ πιτύλῳ πλαγχθεὶς
ἑκατογκεφάλου βαφαῖς ὕδρας.   1190

ΘΗ. Ἥρας ὅδ' ἀγών· τίς δ' ὅδ' οὖν νεκροῖς, γέρον ;

ΑΜ. Ἐμὸς ἐμὸς ὅδε γόνος ὁ πολύπονος, <ὃς> ἐπὶ
δόρυ γιγαντοφόνον ἦλθεν σὺν θεοῖ-
σι Φλεγραῖον ἐς πεδίον ἀσπιστάς.

ΘΗ. Φεῦ φεῦ· τίς ἀνδρῶν ὧδε δυσδαίμων ἔφυ ;   1195

ΑΜ. Οὐκ ἂν εἰδείης
ἕτερον πολυμοχθότερον πολυπλαγκτότερόν τε
θνατῶν.

ΘΗ. Τί γὰρ πέπλοισιν ἄθλιον κρύπτει κάρα ;

ΑΜ. Αἰδόμενος τὸ σὸν ὄμμα
καὶ φιλίαν ὁμόφυλον   1200
αἷμά τε παιδοφόνον.

ΘΗ. Ἀλλ' ὡς συναλγῶν γ' ἦλθον· ἐκκάλυπτέ νιν.

---

114. Tous les mots appartiennent au vocabulaire de la navigation : *pitúlos* se dit d'un battement rythmé et répété et particulièrement de celui des avirons ; si ce battement devient « fou »
(mainoménôi), il condamne le navire à l'errance que dit *planchtheìs*,
le participe aoriste passif d'un verbe signifiant « écarter du chemin ».
Cette image fait écho à d'autres métaphores marines de la tragédie
(voir notamment les vers 631, 1091, 1094 et 1424).

115. Voir ci-dessus la note 45. L'emploi, au pluriel et sans com-
plément, du nom d'action *baphé* suggère une continuité entre les
actions héroïques et les crimes commis : une même violence est à
l'œuvre.

116. On situe traditionnellement à cet endroit la guerre entre les
Olympiens et les Géants, à laquelle, selon la légende, Héraclès parti-
cipa. Voir les vers 179 et 1272 et, ci-dessus, la note 95.

AMPHITRYON

Dérouté par un battement de rames devenu fou [114],
Avec trempage dans le sang de l'hydre aux cent têtes [115]. 1190

THÉSÉE

Ça, c'est le combat d'Héra ! Qui est cet homme près des
[cadavres, vieillard ?

AMPHITRYON

Mon fils, mon fils aux nombreux travaux : pour
La guerre tueuse de Géants, il est allé avec les dieux,
Dans la plaine de Phlégra [116]*, armé du bouclier !*

THÉSÉE

Hélas ! Hélas ! Quel homme a subi un destin aussi mauvais ? 1195

AMPHITRYON

Tu ne pourrais avoir connaissance
D'un autre mortel soumis à plus de peines, à plus d'errances [117].

THÉSÉE

Pourquoi cache-t-il de son manteau sa tête frappée
[d'épreuves ?

AMPHITRYON

Il a trop honte : ton regard,
Ton amitié, ta parenté,   1200
Et le crime tueur d'enfants.

THÉSÉE

Je suis venu vers qui a partagé mes souffrances ; découvre-le.

---

117. Avec cet adjectif employé au comparatif, le sort d'Héraclès est implicitement comparé à celui d'Ulysse. Le malheur d'Héraclès est un sommet mais, dans les deux cas, l'acharnement d'un dieu en est l'origine.

ΑΜ. Ὦ τέκνον,
πάρες ἀπ᾽ ὀμμάτων
πέπλον, ἀπόδικε, ῥέθος ἀελίῳ δεῖξον.   1205
Βάρος ἀντίπαλον δακρύοισιν ἁμιλλᾶται·
ἱκετεύομεν ἀμφὶ σὰν γενει‑
άδα καὶ γόνυ καὶ χέρα προσπίτνων,
πολιόν τε δάκρυον ἐκβάλλων.
Ἰὼ παῖ, κατάσχεθε λέοντος ἀγρίου θυμόν, ὡς   1210
βρόμον ἐπὶ φόνιον ἀνόσιον ἐξάγει,
κακὰ θέλων κακοῖς συνάψαι, τέκνον.

ΘΗ. Εἶεν· σὲ τὸν θάσσοντα δυστήνους ἕδρας
αὐδῶ, φίλοισιν ὄμμα δεικνύναι τὸ σόν.   1215
Οὐδεὶς σκότος γὰρ ὧδ᾽ ἔχει μέλαν νέφος,
ὅστις κακῶν σῶν συμφορὰν κρύψειεν ἄν.
Τί μοι προσείων χεῖρα σημαίνεις φόνον ;
ὡς μὴ μύσος με σῶν βάλῃ προσφθεγμάτων ;
Οὐδὲν μέλει μοι σύν γε σοὶ πράσσειν κακῶς·   1220
καὶ γάρ ποτ᾽ εὐτύχησ᾽· ἐκεῖσ᾽ ἀνοιστέον,
ὅτ᾽ ἐξέσωσάς μ᾽ ἐς φάος νεκρῶν πάρα.
Χάριν δὲ γηράσκουσαν ἐχθαίρω φίλων
καὶ τῶν καλῶν μὲν ὅστις ἀπολαύειν θέλει,
συμπλεῖν δὲ τοῖς φίλοισι δυστυχοῦσιν οὔ.   1225
Ἀνίστασ᾽, ἐκκάλυψον ἄθλιον κάρα,
βλέψον πρὸς ἡμᾶς. Ὅστις εὐγενὴς βροτῶν,
φέρει τὰ τῶν θεῶν πτώματ᾽ οὐδ᾽ ἀναίνεται.

---

118. Au vers 1206, les mots évoquent une lutte : l'approche de
l'autre, dans la supplication où les larmes remplacent la force, est
comparable ; jusque-là, pour ne pas ajouter au malheur, Amphitryon
se tenait à distance. Au vers 1210, on comprend généralement que le
père invite son fils à « se retenir » : rien n'empêche de comprendre
qu'il lui demande de concentrer son énergie pour lutter contre le nouveau meurtre qu'il pourrait être tenté d'accomplir.

AMPHITRYON

> Mon enfant,
> Retire de tes yeux
> Ce manteau, rejette-le, montre ta face au soleil !   1205
> Un poids antagoniste veut lutter à tes côtés avec des larmes.
> Nous te supplions : ton menton,
> Tes genoux, tes mains, nous nous précipitons pour les
> [embrasser,
> Nous répandons nos larmes grises.
> Enfant, retiens ton ardeur de lion sauvage afin qu'elle   1210
> Fasse sortir un grondement contre l'impiété du meurtre
> Si tu voulais joindre aux malheurs des malheurs [118], mon fils.

THÉSÉE

> Allons, toi qui es assis sur ce siège lamentable,
> Je te le demande, montre ton visage à tes amis.   1215
> Aucune obscurité n'est assez noire
> Pour couvrir la misère de ton malheur.
> Pourquoi agiter les mains et me montrer les morts ?
> Tu crains que la pollution de tes paroles ne m'atteigne ?
> Je me soucie peu d'être malheureux si c'est avec toi :   1220
> Avec toi, autrefois, je connus le succès. Mon esprit doit
> [se reporter là-bas,
> Quand tu m'as arraché aux morts pour me ramener
> [sauf à la lumière.
> Je déteste la reconnaissance des amis quand elle vieillit
> Et celui qui veut profiter du bon
> Sans être du voyage quand ses amis sont dans le malheur [119]. 1225
> Lève-toi, ôte ce voile de ta tête éprouvée,
> Regarde-moi. Tout mortel bien né accepte
> La chute qui vient des dieux, il ne la refuse pas.

---

119. Sur cette tirade de Thésée, voir ci-dessus la note 10. À l'absolu du malheur envoyé par les dieux, Thésée oppose la force d'une amitié sans faille qui redonne à Héraclès une place dans le tissu des relations intra-humaines.

ΗΡ. Θησεῦ, δέδορκας τόνδ' ἀγῶν' ἐμῶν τέκνων ;

ΘΗ. Ἤκουσα, καὶ βλέποντι σημαίνεις κακά.   1230

ΗΡ. Τί δῆτά μου κρᾶτ' ἀνεκάλυψας ἡλίῳ ;

ΘΗ. Τί δ' ; οὐ μιαίνεις θνητὸς ὢν τὰ τῶν θεῶν.

ΗΡ. Φεῦγ', ὦ ταλαίπωρ', ἀνόσιον μίασμ' ἐμόν.

ΘΗ. Οὐδεὶς ἀλάστωρ τοῖς φίλοις ἐκ τῶν φίλων.

ΗΡ. Ἐπήνεσ'· εὖ δράσας δέ σ' οὐκ ἀναίνομαι.   1235

ΘΗ. Ἐγὼ δὲ πάσχων εὖ τότ' οἰκτίρω σε νῦν.

ΗΡ. Οἰκτρὸς γάρ εἰμι τἄμ' ἀποκτείνας τέκνα.

ΘΗ. Κλαίω χάριν σὴν ἐφ' ἑτέραισι συμφοραῖς.

ΗΡ. Ηὗρες δέ γ' ἄλλους ἐν κακοῖσι μείζοσιν ;

ΘΗ. Ἅπτῃ κάτωθεν οὐρανοῦ δυσπραξίᾳ.   1240

ΗΡ. Τοιγὰρ παρεσκευάσμεθ' ὥστε καὶ θενεῖν.

HÉRACLÈS

Thésée, tu vois ce combat contre mes enfants ?

THÉSÉE

On m'a dit, et tu montres ton malheur à qui voit.   1230

HÉRACLÈS

Alors pourquoi découvrir ma tête et la montrer au soleil ?

THÉSÉE

Pourquoi ? Tu es un mortel, tu ne peux polluer le divin.

HÉRACLÈS

Fuis, homme malheureux, ma pollution impie.

THÉSÉE

De l'ami à l'ami, pas de démon vengeur.

HÉRACLÈS

Merci. Je ne regrette pas le bien que je t'ai fait.   1235

THÉSÉE

Moi qui autrefois reçus ton aide, je te plains aujourd'hui.

HÉRACLÈS

Oui, je suis à plaindre : j'ai tué mes enfants.

THÉSÉE

Je pleure pour toi des malheurs qui me sont étrangers.

HÉRACLÈS

En as-tu rencontré d'autres dans un plus grand malheur ?

THÉSÉE

De la terre, tu touches le ciel avec ta misère.   1240

HÉRACLÈS

Alors, nous sommes prêt à mourir.

ΘΗ.   Δοκεῖς ἀπειλῶν σῶν μέλειν τι δαίμοσιν ;

ΗΡ.   Αὔθαδες ὁ θεός, πρὸς δὲ τοὺς θεοὺς ἐγώ.

ΘΗ.   Ἴσχε στόμ᾽, ὡς μὴ μέγα λέγων μεῖζον πάθῃς.

ΗΡ.   Γέμω κακῶν δή, κοὐκέτ᾽ ἔσθ᾽ ὅπῃ τεθῇ.   1245

ΘΗ.   Δράσεις δὲ δὴ τί ; ποῖ φέρῃ θυμούμενος ;

ΗΡ.   Θανών, ὅθενπερ ἦλθον, εἶμι γῆς ὕπο.

ΘΗ.   Εἴρηκας ἐπιτυχόντος ἀνθρώπου λόγους.

ΗΡ.   Σὺ δ᾽ ἐκτὸς ὤν γε συμφορᾶς με νουθετεῖς.

ΘΗ.   Ὁ πολλὰ δὴ τλὰς Ἡρακλῆς λέγει τάδε ;   1250

ΗΡ.   Οὐκ οὖν τοσαῦτά γ᾽· ἐν μέτρῳ μοχθητέον.

ΘΗ.   Εὐεργέτης βροτοῖσι καὶ μέγας φίλος ;

ΗΡ.   Οἴδ᾽ οὐδὲν ὠφελοῦσί μ᾽, ἀλλ᾽ Ἥρα κρατεῖ.

THÉSÉE
>La divinité, tu crois, se soucie de tes menaces ?

HÉRACLÈS
>Le dieu est buté. Je fais pareil avec les dieux.

THÉSÉE
>Retiens ta langue ; à parler haut, tu pourrais bien souffrir
>[davantage.

HÉRACLÈS
>Avec les maux, je suis à pleine cale ; il n'y a plus où mettre. 1245

THÉSÉE
>Tu veux faire quoi ? Où te porte ta colère ?

HÉRACLÈS
>À mourir. J'irai d'où je viens, sous la terre.

THÉSÉE
>Tu parles comme n'importe qui.

HÉRACLÈS
>Toi, tu es hors malheur ; tu peux me faire la morale.

THÉSÉE
>C'est l'Héraclès qui a enduré tant d'épreuves qui parle ainsi ? 1250

HÉRACLÈS
>Pas d'aussi grandes. Il y a des bornes à ce qu'on doit souffrir.

THÉSÉE
>Le bienfaiteur des mortels ? Leur immense ami ?

HÉRACLÈS
>Ils ne peuvent pas m'aider ; Héra est la plus forte.

ΘΗ. Οὐκ ἄν <σ'> ἀνάσχοιθ' Ἑλλὰς ἀμαθίᾳ θανεῖν.

ΗΡ. Ἄκουε δή νυν, ὡς ἀμιλληθῶ λόγοις   1255
     πρὸς νουθετήσεις σάς· ἀναπτύξω δέ σοι
     ἀβίωτον ἡμῖν νῦν τε καὶ πάροιθεν ὄν.
        Πρῶτον μὲν ἐκ τοῦδ' ἐγενόμην ὅστις κτανὼν
     μητρὸς γεραιὸν πατέρα προστρόπαιος ὢν
     ἔγημε τὴν τεκοῦσαν Ἀλκμήνην ἐμέ.   1260
     Ὅταν δὲ κρηπὶς μὴ καταβληθῇ γένους
     ὀρθῶς, ἀνάγκη δυστυχεῖν τοὺς ἐκγόνους.
     Ζεὺς δ', ὅστις ὁ Ζεύς, πολέμιόν μ' ἐγείνατο
     Ἥρᾳ — σὺ μέντοι μηδὲν ἀχθεσθῇς, γέρον·
     πατέρα γὰρ ἀντὶ Ζηνὸς ἡγοῦμαι σ' ἐγώ. —   1265
     Ἔτ' ἐν γάλακτί τ' ὄντι γοργωποὺς ὄφεις
     ἐπεισέφρησε σπαργάνοισι τοῖς ἐμοῖς
     ἡ τοῦ Διὸς σύλλεκτρος, ὡς ὀλοίμεθα.
     Ἐπεὶ δὲ σαρκὸς περιβόλαι' ἐκτησάμην
     ἡβῶντα, μόχθους οὓς ἔτλην τί δεῖ λέγειν;   1270
     ποίους ποτ' ἢ λέοντας ἢ τρισωμάτους
     Τυφῶνας ἢ Γίγαντας ἢ τετρασκελῆ
     κενταυροπληθῆ πόλεμον οὐκ ἐξήνυσα;
     τήν τ' ἀμφίκρανον καὶ παλιμβλαστῆ κύνα
     ὕδραν φονεύσας μυρίων τ' ἄλλων πόνων   1275
     διῆλθον ἀγέλας κεἰς νεκροὺς ἀφικόμην,
     Ἅιδου πυλωρὸν κύνα τρίκρανον ἐς φάος
     ὅπως πορεύσαιμ' ἐντολαῖς Εὐρυσθέως.
        Τὸν λοίσθιον δὲ τόνδ' ἔτλην τάλας φόνον,
     παιδοκτονήσας δῶμα θριγκῶσαι κακοῖς.   1280
     Ἥκω δ' ἀνάγκης ἐς τόδ'· οὔτ' ἐμαῖς φίλαις

THÉSÉE
  La Grèce ne supporterait pas que tu meures par naïveté.

HÉRACLÈS
  Alors, écoute, que je lutte par des arguments   1255
  Contre tes sermons ; je vais te démontrer
  Que c'est invivable désormais pour nous, et déjà avant.
  D'abord, je suis né d'un homme qui a tué
  Le père de ma mère, un vieillard, et qui, porteur de cette
                                                [souillure,
  A épousé Alcmène, celle qui m'a mis au monde.   1260
  Quand le socle d'une famille n'a pas été posé
  Bien droit, c'est obligé : les enfants souffrent.
  Zeus, quelque dieu que soit Zeus, m'a engendré comme
                                                [ennemi
  Pour Héra – toi, vieillard, ne le prends pas mal :
  C'est toi, pas Zeus, que je regarde comme mon père.   1265
  J'étais encore nourri au sein et des serpents au regard de
                                                [Gorgone
  Ont été introduits dans mes langes
  Par la concubine de Zeus qui voulait nous tuer !
  Puis quand je fus en possession d'un manteau de muscles
  En pleine force, les souffrances que j'ai supportées, faut-il   1270
                                                [les dire ?
  De quels lions, de quels corps triples
  De Typhons, de quels Géants, de quelle mêlée
  Contre la foule quadrupède des Centaures, ne suis-je pas
                                                [venu à bout ?
  La chienne avec ses têtes partout qui repoussaient,
  L'hydre, l'ayant tuée, de mille autres travaux   1275
  J'ai traversé les troupeaux et je suis allé chez les morts
  Pour convoyer vers la lumière le portier d'Hadès,
  Le chien aux trois têtes, sur ordre d'Eurysthée.
  Ultime souffrance, ayant tout supporté, je supporte ce meurtre :
  Avoir tué mes enfants et couronner de malheurs l'édifice de   1280
                                                [ma maison.
  J'en suis venu à ce point de contrainte : ma chère

Θήβαις ἐνοικεῖν ὅσιον· ἦν δὲ καὶ μένω,
ἐς ποῖον ἱερὸν ἢ πανήγυριν φίλων
εἶμ' ; οὐ γὰρ ἄτας εὐπροσηγόρους ἔχω.
Ἀλλ' Ἄργος ἔλθω ; πῶς, ἐπεὶ φεύγω πάτραν ;   1285
φέρ' ἀλλ' ἐς ἄλλην δή τιν' ὁρμήσω πόλιν ;
κἄπειθ' ὑποβλεπώμεθ' ὡς ἐγνωσμένοι,
γλώσσης πικροῖς κέντροισι κληδουχούμενοι·
« Οὐχ οὗτος ὁ Διός, ὃς τέκν' ἔκτεινέν ποτε
δάμαρτά τ' ; οὐ γῆς τῆσδ' ἀποφθαρήσεται ; »   1290
   [Κεκλημένῳ δὲ φωτὶ μακαρίῳ ποτὲ
αἱ μεταβολαὶ λυπηρόν· ᾧ δ' αἰεὶ κακῶς
ἔστ', οὐδὲν ἀλγεῖ συγγενῶς δύστηνος ὤν.
Ἐς τοῦτο δ' ἥξειν συμφορᾶς οἶμαί ποτε·
φωνὴν γὰρ ἥσει χθὼν ἀπεννέπουσά με   1295
μὴ θιγγάνειν γῆς καὶ θάλασσα μὴ περᾶν
πηγαί τε ποταμῶν, καὶ τὸν ἁρματήλατον
Ἰξίον' ἐν δεσμοῖσιν ἐκμιμήσομαι.
Καὶ ταῦτ' ἄριστα μηδέν' Ἑλλήνων μ' ὁρᾶν,
ἐν οἷσιν εὐτυχοῦντες ἦμεν ὄλβιοι.]   1300
   Τί δῆτά με ζῆν δεῖ ; τί κέρδος ἕξομεν
βίον γ' ἀχρεῖον ἀνόσιον κεκτημένοι ;
Χορευέτω δὴ Ζηνὸς ἡ κλεινὴ δάμαρ,

---

120. Les vers 1291-1300 ont été suspectés parce qu'on y voyait
une contradiction avec le propos du discours : Héraclès montre que
sa vie était dès l'origine invivable en raison des erreurs d'Amphitryon
et de Zeus. Ses travaux sont relus, dans cette perspective, comme
autant d'épreuves que vient couronner l'ultime épreuve : le meurtre
de sa femme et de ses enfants. Cette faute extrême lui vaut d'être
désormais banni de la communauté des hommes. La réflexion générale des vers 1291-1293 rappelle la différence entre celui qu'on dit
« bienheureux », c'est-à-dire soustrait, comme les dieux ou certains
héros après leur mort, à l'alternance du bonheur et du malheur, et
l'homme ordinaire dont elle constitue la vie : le premier, s'il sort de
l'état qu'on lui prêtait, souffre quand pour l'autre le rapport à la souffrance est inné. Comme cela a été vu, la vie d'Héraclès est au-delà.
Son malheur constant le condamne au bannissement : non seulement
loin des cités, mais hors du monde.

Ville de Thèbes, il m'est interdit de l'habiter ; même si je reste,
Dans quel temple ou quelle assemblée d'amis
Irai-je ? J'ai un malheur qui n'est pas bienvenu.
Aller à Argos ? Impossible : je suis banni de mon pays.   1285
Bon, alors partir dans une autre cité ?
Oui, pour qu'on nous regarde de travers quand on nous
                                        [aura reconnu,
Qu'on nous enferme avec l'aiguillon méchant des langues :
« Ça n'est pas le fils de Zeus ? Celui qui a tué ses enfants
Et sa femme ? Qu'il aille finir loin de notre pays ! »   1290
Pour l'homme qu'on a appelé bienheureux un jour,
Les changements sont du chagrin ; celui qui a toujours du
                                        [malheur
Ne souffre en rien : il est misérable de naissance [120].
J'en arriverai à ce point de malheur, je crois, un jour :
La terre élèvera la voix pour m'interdire   1295
De toucher son sol, la mer de la franchir,
Les eaux des fleuves aussi, et j'imiterai totalement
Le conducteur de char Ixion [121], pris dans ses liens.
Le mieux, c'est que ne me voie aucun des Grecs
Chez qui, du temps de nos succès, nous avions la prospérité. 1300
Pourquoi faut-il que je vive ? Quel gain en obtiendrons-nous
Avec cette vie inutile, interdite ?
Qu'elle danse, la fameuse épouse de Zeus,

---

121. Selon la légende, Ixion est le premier mortel à s'être rendu
coupable du meurtre d'un parent. Zeus accepte de le purifier et lui
offre l'hospitalité. Mais, accueilli dans la demeure des dieux, Ixion
veut abuser d'Héra, pour qui il avait conçu une passion violente. Pour
le punir, Zeus le fait attacher à une roue ailée qui circule en tous lieux :
un désordre dans l'ordre cosmique.

κρούουσ' Ὀλύμπου ξεστὸν ἀρβύλῃ πέδον.
Ἔπραξε γὰρ βούλησιν ἣν ἐβούλετο,   1305
ἄνδρ' Ἑλλάδος τὸν πρῶτον αὐτοῖσιν βάθροις
ἄνω κάτω στρέψασα. Τοιαύτῃ θεῷ
τίς ἂν προσεύχοιθ'; ἢ γυναικὸς οὕνεκα
λέκτρων φθονοῦσα Ζηνὶ τοὺς εὐεργέτας
Ἑλλάδος ἀπώλεσ' οὐδὲν ὄντας αἰτίους.   1310

ΘΗ.   Οὐκ ἔστιν ἄλλου δαιμόνων ἀγὼν ὅδε
ἢ τῆς Διὸς δάμαρτος· εὖ τόδ' αἰσθάνῃ.
... ...
παραινέσαιμ' ἂν μᾶλλον ἢ πάσχειν κακῶς.
Οὐδεὶς δὲ θνητῶν ταῖς τύχαις ἀκήρατος,
οὐ θεῶν, ἀοιδῶν εἴπερ οὐ ψευδεῖς λόγοι.   1315
Οὐ λέκτρα τ' ἀλλήλοισιν, ὧν οὐδεὶς νόμος,
συνῆψαν; οὐ δεσμοῖσι διὰ τυραννίδας
πατέρας ἐκηλίδωσαν; ἀλλ' οἰκοῦσ' ὅμως
Ὄλυμπον ἠνέσχοντό θ' ἡμαρτηκότες.
Καίτοι τί φήσεις, εἰ σὺ μὲν θνητὸς γεγὼς   1320
φέρεις ὑπέρφευ τὰς τύχας, θεοὶ δὲ μή;

---

122. Le texte du manuscrit *kroúous' Olumpíou Dzènòs arbúlèi
póda*, « frappant le pied avec la chaussure de Zeus Olympien », a été
suspecté. On considère que *Dzènòs* est une interpolation venant du
vers précédent où le nom se trouve à la même place dans le vers. On
l'a corrigé en *kroúous' Olúmpou … arbúlèi pédon*, « frappant avec sa
chaussure le sol… de l'Olympe », les deux syllabes manquantes étant
complétées avec un adjectif se rapportant à *pédon*, « le sol », qui dif-
fère selon les éditeurs. Mais la répétition peut être volontaire : dans
tout ce passage, Héra qui porte une chaussure d'homme, l'*arbulè*,
décide et réalise sa volonté. Sa danse endiablée bouleverse tout et
sème le désordre.

Qu'elle frappe du pied avec la chaussure de Zeus Olympien [122] !
Elle a réalisé ce que sa volonté voulait :   1305
L'homme qui était le premier de la Grèce, piédestal compris,
Elle l'a tourné sens dessus dessous. Une telle déesse,
Qui pourrait la prier ? Elle qui, pour une femme,
Enviant à Zeus ses amours, a fait périr le bienfaiteur
De la Grèce qui n'y était pour rien !   1310

THÉSÉE

Cette lutte ne vient pas d'une autre puissance
Que de l'épouse de Zeus ; tu as raison de le comprendre.
J'aime mieux te donner un conseil : plutôt que de continuer
                                    [à souffrir [123]...
Pas de mortels que les coups du destin n'atteignent pas,
Pas de dieux non plus, si les récits des poètes ne mentent pas : 1315
Ne se sont-ils pas, les uns aux autres, unis en des unions
Interdites ; n'ont-ils pas pour la souveraineté, avec des liens
Déshonoré leur père [124] ? Néanmoins, ils habitent
L'Olympe et ils supportent leurs fautes.
Alors, qu'auras-tu à répondre si toi, né mortel,   1320
Tu souffres ce qui arrive en gémissant et pas les dieux ?

---

123. La plupart des éditeurs supposent une lacune entre les vers 1312 et 1313 : longue pour certains qui veulent que les deux protagonistes aient des tirades de même longueur, elle est limitée à un seul vers selon les autres. L'hypothèse de cette lacune vient de la difficulté rencontrée dans la construction du vers 1313 où l'autre terme de l'alternative paraît manquer : « J'aime mieux te donner un conseil : *verbe exprimant une injonction* plutôt que de souffrir ». On peut faire l'économie de cette hypothèse si l'on considère que l'injonction n'est donnée qu'au vers 1322. Elle arrive après un développement sur les dieux qui est comme une incise et dont la fonction est de la rendre possible : puisque les dieux, malgré leurs fautes, « habitent l'Olympe », Héraclès peut être invité, malgré ses crimes, à venir habiter Athènes.

124. Thésée reprend ici des exemples qu'utilise le philosophe présocratique Xénophane. Mais celui-ci s'en servait pour dénoncer les mensonges des poètes parce qu'ils produisaient, selon lui, une représentation erronée du divin.

Θήβας μὲν οὖν ἔκλειπε τοῦ νόμου χάριν,
ἕπου δ' ἅμ' ἡμῖν πρὸς πόλισμα Παλλάδος.
Ἐκεῖ χέρας σὰς ἁγνίσας μιάσματος,
δόμους τε δώσω χρημάτων τ' ἐμῶν μέρος.   1325
Ἃ δ' ἐκ πολιτῶν δῶρ' ἔχω σώσας κόρους
δὶς ἑπτά, ταῦρον Κνώσιον κατακτανών,
σοὶ ταῦτα δώσω. Πανταχοῦ δέ μοι χθονὸς
τεμένη δέδασται· ταῦτ' ἐπωνομασμένα
σέθεν τὸ λοιπὸν ἐκ βροτῶν κεκλήσεται   1330
ζῶντος· θανόντα δ', εὖτ' ἂν εἰς Ἅιδου μόλῃς,
θυσίαισι λαΐνοισί τ' ἐξογκώμασι
τίμιον ἀνάξει πᾶσ' Ἀθηναίων πόλις.
Καλὸς γὰρ ἀστοῖς στέφανος Ἑλλήνων ὕπο
ἄνδρ' ἐσθλὸν ὠφελοῦντας εὐκλείας τυχεῖν.   1335
Κἀγὼ χάριν σοι τῆς ἐμῆς σωτηρίας
τήνδ' ἀντιδώσω· νῦν γὰρ εἶ χρεῖος φίλων.
Θεοὶ δ' ὅταν τιμῶσιν, οὐδὲν δεῖ φίλων·
ἅλις γὰρ ὁ θεὸς ὠφελῶν, ὅταν θέλῃ.

---

125. Cnossos est une ville de Crète. Selon la légende, Minos, le
roi de Crète, exigeait d'Athènes qu'elle envoyât, tous les neuf ans, un
tribut de sept jeunes gens et de sept jeunes filles destinés à être livrés
au Minotaure, un monstre mi-homme, mi-taureau, fils de Pasiphaé,
l'épouse de Minos, et d'un taureau. Pour mettre fin à cette obligation,
Thésée se rend en Crète et, avec l'aide d'Ariane, fille de Minos, par-
vient à tuer le Minotaure, au fond du labyrinthe où il était tenu
enfermé. Il ramène à Athènes les jeunes gens. Après cet exploit, son
père étant mort, Thésée hérite de la royauté à Athènes.

...Quitte Thèbes pour obéir à la loi,
Accompagne-nous dans la cité de Pallas.
Là-bas, je purifierai tes mains de cette souillure
Et te donnerai une maison et une partie de mes biens.   1325
Les dons que j'ai reçus des citoyens pour avoir sauvé
                                    [sept jeunes garçons
Et sept jeunes filles, en tuant le taureau de Cnossos [125],
Je te les donnerai. Partout, dans le pays,
Des parcelles m'ont été attribuées ; celles qui ont reçu
                                    [mon nom,
À l'avenir, les mortels les appelleront de ton nom,   1330
De ton vivant ; quand tu seras mort, descendu chez Hadès,
Par des sacrifices et des édifices en pierre
La cité d'Athènes, toute entière, t'érigera en objet d'honneur.
Pour les citoyens, c'est une belle couronne que d'obtenir
                                    [auprès des Grecs
La gloire d'être utiles à un homme généreux.   1335
Ces marques de reconnaissance, à toi, pour m'avoir sauvé,
Je te les donnerai en retour [126]. Aujourd'hui tu as besoin
                                    [d'amis.
Quand les dieux nous honorent, nul besoin d'amis :
Le dieu suffit, quand il veut bien aider.

_____

126. L'emploi du futur dans ce passage lui confère le ton des pro-
phéties qui, dans d'autres pièces d'Euripide, est celui des dieux
jouant, à la fin des tragédies, le rôle de *deux ex machina*. La critique
a parfois prêté ce rôle à Thésée. Mais, d'une part, Thésée n'est pas en
dehors de l'action et continue de débattre avec Héraclès, comme le
montre la distinction des deux moments : « de ton vivant » et « quand
tu seras mort », qui est une réponse implicite au désir de mourir for-
mulé par le héros, dans les vers 1301-1302 ; d'autre part, Euripide, en
prêtant à Thésée (vers 1338-1339) des maximes générales sur le rapport nécessaire entre malheur – conçu comme refus du dieu d'accorder un honneur mérité – et besoin d'ami ou, au contraire, bonheur
– envisagé comme une marque d'honneur accordée par un dieu – et
caractère accessoire de l'amitié, souligne ironiquement l'écart avec la
forme habituelle. Sur l'amitié, voir ci-dessus la note 10.

ΗΡ.   Οἴμοι· πάρεργα <μὲν> τάδ᾽ ἔστ᾽ ἐμῶν κακῶν·   1340
      ἐγὼ δὲ τοὺς θεοὺς οὔτε λέκτρ᾽ ἃ μὴ θέμις
      στέργειν νομίζω, δεσμά τ᾽ ἐξάπτειν χεροῖν
      οὔτ᾽ ἠξίωσα πώποτ᾽ οὔτε πείσομαι,
      οὐδ᾽ ἄλλον ἄλλου δεσπότην πεφυκέναι.
      Δεῖται γὰρ ὁ θεός, εἴπερ ἔστ᾽ ὄντως θεός,   1345
      οὐδενός· ἀοιδῶν οἴδε δύστηνοι λόγοι.
            Ἐσκεψάμην δὲ καίπερ ἐν κακοῖσιν ὤν,
      μὴ δειλίαν ὄφλω τιν᾽ ἐκλιπὼν φάος.
      Ταῖς συμφοραῖς γὰρ ὅστις οὐχ ὑφίσταται,
      οὐδ᾽ ἀνδρὸς ἂν δύναιθ᾽ ὑποστῆναι βέλος.   1350
      Ἐγκαρτερήσω θάνατον· εἶμι δ᾽ ἐς πόλιν
      τὴν σὴν χάριν τε μυρίαν δώρων ἔχω.
      Ἀτὰρ πόνων δὴ μυρίων ἐγευσάμην·
      ὧν οὔτ᾽ ἀπεῖπον οὐδέν᾽ οὔτ᾽ ἀπ᾽ ὀμμάτων
      ἔσταξα πηγάς, οὐδ᾽ ἂν ᾠμην ποτὲ   1355
      ἐς τοῦθ᾽ ἱκέσθαι, δάκρυ᾽ ἀπ᾽ ὀμμάτων βαλεῖν.
      Νῦν δ᾽, ὡς ἔοικε, τῇ τύχῃ δουλευτέον.
            Εἶεν· γεραιέ, τὰς ἐμὰς φυγὰς ὁρᾷς,
      ὁρᾷς δὲ παίδων ὄντα μ᾽ αὐθέντην ἐμῶν·
      δὸς τούσδε τύμβῳ καὶ περίστειλον νεκροὺς   1360

---

127. Même s'il les considère comme hors de propos par rapport
à la situation qu'il vit, Héraclès montre qu'il a reconnu l'origine des
arguments de Thésée en reprenant, lui, complètement à son compte
la position théologique de Xénophane : les poètes, à travers leurs
« histoires lamentables », donnent une image fausse des relations des
dieux entre eux car le mot « dieu » signifie « absence de manque ».
Cela ne contredit pas l'argument de sa première tirade sur la respon-
sabilité d'Héra dans le malheur qui le frappe : il s'agissait alors des
relations des dieux aux hommes. Avec une telle conception du dieu,
l'action d'Héra paraît d'autant plus gratuite et violente.

HÉRACLÈS

Hélas ! D'abord ceci qui compte peu au regard de mon   1340
                                       [malheur :
Que les dieux puissent aimer en des unions hors normes,
Je ne le pense pas ; et qu'ils s'attachent les bras par des liens,
Je ne l'ai jamais cru et n'en serai jamais persuadé,
Et pas davantage qu'un dieu soit le maître d'un autre !
Un dieu, s'il est vraiment un dieu, n'a besoin   1345
De rien ; récits lamentables de poètes, tout ça [127] !
Par ailleurs, je réfléchis : malgré mon malheur,
Je crains que l'on m'accuse de lâcheté si je quitte la lumière ;
Celui qui devant les malheurs, ne tient pas ferme
Serait également incapable de soutenir l'assaut d'un guerrier.   1350
Je serai fort devant ma mort [128], je viendrai dans ta ville ;
Je te remercie pour tes dons innombrables.
J'ai justement goûté d'innombrables épreuves :
Je n'en ai repoussé aucune et de mes yeux
Je n'ai pas fait jaillir les sources et je n'aurais jamais pensé   1355
En venir à ce point : verser de mes yeux des larmes !
Mais maintenant, il semble, je dois être l'esclave du sort.
Allons, vieillard, tu me vois partir pour l'exil,
Tu vois en moi le meurtrier de mes enfants :
Donne leur cadavre à un tombeau, occupe-toi d'eux,   1360

---

128. J'ai traduit le texte du manuscrit L *thánaton*, « la mort »,
contre sa correction en *bíoton*, « la vie », « les coups de la vie », qui
banalise. Sa décision de mourir, Héraclès la prenait au terme d'une
analyse de sa vie que l'action d'Héra rendait invivable : se soustraire
était une réponse, une manière de tenter, à son tour, d'atteindre le
dieu. La décision de vivre vient de l'idée d'une fermeture du divin qui,
le rendant inatteignable par les hommes, ramène le héros aux valeurs
de l'univers humain et particulièrement à ses propres valeurs guer-
rières : on ne fuit pas devant le malheur pas plus qu'on ne le ferait
devant l'ennemi. Or son malheur est d'avoir annulé, par sa folie, la
grandeur qu'il s'était acquise, action après action, comme héros ;
accepter de vivre, de voir son nom gravé sur des monuments qui ne
sont pas les siens et ne pourraient plus l'être, c'est accepter de se
confronter à cette disparition de lui-même comme héros, de survivre
et de pleurer comme un homme faible.

δακρύοισι τιμῶν — ἐμὲ γὰρ οὐκ ἐᾷ νόμος —
πρὸς στέρν' ἐρείσας μητρὶ δούς τ' ἐς ἀγκάλας,
κοινωνίαν δύστηνον, ἣν ἐγὼ τάλας
διώλεσ' ἄκων. Γῇ δ' ἐπὴν κρύψῃς νεκρούς,
οἴκει πόλιν τήνδ', ἀθλίως μέν, ἀλλ' ὅμως   1365
ψυχὴν βιάζου τἀμὰ συμφέρειν κακά.
    Ὦ τέκν', ὁ φύσας χὠ τεκὼν ὑμᾶς πατὴρ
ἀπώλεσ', οὐδ' ὤνασθε τῶν ἐμῶν καλῶν,
ἁγὼ παρεσκεύαζον ἐκμοχθῶν βίου
εὔκλειαν ὑμῖν, πατρὸς ἀπόλαυσιν καλήν.   1370
Σέ τ' οὐχ ὁμοίως, ὦ τάλαιν', ἀπώλεσα
ὥσπερ σὺ τἀμὰ λέκτρ' ἔσῳζες ἀσφαλῶς,
μακρὰς διαντλοῦσ' ἐν δόμοις οἰκουρίας.
Οἴμοι δάμαρτος καὶ τέκνων, οἴμοι δ' ἐμοῦ·
ὡς ἀθλίως πέπραγα κἀποζεύγνυμαι   1375
τέκνων γυναικός τ'· ὦ λυγραὶ φιλημάτων
τέρψεις, λυγραί τε τῶνδ' ὅπλων κοινωνίαι.
Ἀμηχανῶ γὰρ πότερ' ἔχω τάδ' ἢ μεθῶ,
ἃ πλευρὰ τἀμὰ προσπίτνοντ' ἐρεῖ τάδε·
« Ἡμῖν τέκν' εἷλες καὶ δάμαρθ'· ἡμᾶς ἔχεις   1380
παιδοκτόνους σούς. » Εἶτ' ἐγὼ τάδ' ὠλέναις
οἴσω ; τί φάσκων ; ἀλλὰ γυμνωθεὶς ὅπλων,
ξὺν οἷς τὰ κάλλιστ' ἐξέπραξ' ἐν Ἑλλάδι,
ἐχθροῖς ἐμαυτὸν ὑποβαλὼν αἰσχρῶς θάνω ;
Οὐ λειπτέον τάδ', ἀθλίως δὲ σωστέον.   1385
    Ἕν μοί τι, Θησεῦ, σύγκαμ'· ἀθλίου κυνὸς
κόμιστρ' ἐς Ἄργος συγκατάστησον μολών,

Honore-les de tes larmes – la loi me l'interdit –
Et appuyant leur tête contre sa poitrine, confie-les aux
                                        [bras de leur mère,
Famille pour les larmes, que, moi, dans mon malheur,
J'ai détruite, malgré moi. Quand tu auras caché leurs corps
                                        [dans la terre,
Habite cette ville. Bien que ce soit difficile,   1365
Force ta vie pour m'aider à supporter mes malheurs.
Mes petits, le père qui vous a engendrés et élevés
Vous a tués et vous n'avez pas recueilli de mes belles actions
Ce que je vous préparais en les accomplissant grâce à ma
                                        [force :
La gloire de votre nom, belle manière de tirer profit   1370
                                        [d'un père.
Toi, malheureuse, je t'ai tuée : je n'ai pas fait comme
Toi qui avais conservé mon lit, sans faillir,
Épuisant de longs moments, dans la maison, à la garder.
Morte, mon épouse ! Mes enfants ! Moi-même ! Mort !
Comme est rude ma destinée et ma séparation d'avec   1375
                                        [l'attelage
De mes enfants et de ma femme ; plaisirs douloureux
Des baisers, douloureuse proximité de mes armes :
Je n'ai pas de solution : faut-il les porter ? Les abandonner ?
Heurtant mes flancs, elles me diront :
« Grâce à nous, tu as attrapé tes enfants et ton épouse ; tu   1380
                                        [nous portes, nous,
Tes tueuses d'enfants ! » Et mes bras les
Emporteraient ! À quel titre ? Ou alors, dévêtu des armes
Avec lesquelles j'ai accompli mes exploits en Grèce,
Je me livre à mes ennemis et je meurs comme un lâche ?
Je ne dois pas les abandonner ; je dois les conserver   1385
                                        [comme une épreuve.
Ce seul travail, Thésée, fais-le avec moi : du chien de misère
Le convoyage à Argos, assure-le avec moi, viens,

λύπῃ τι παίδων μὴ πάθω μονούμενος.
    Ὦ γαῖα Κάδμου πᾶς τε Θηβαῖος λεώς,
κείρασθε, συμπενθήσατ᾽, ἔλθετ᾽ ἐς τάφον   1390
παίδων, ἅπαντες δ᾽ ἑνὶ λόγῳ πενθήσατε
νεκρούς τε κἀμέ· πάντες ἐξολώλαμεν
Ἥρας μιᾷ πληγέντες ἀθλίῳ τύχῃ.

ΘΗ. Ἀνίστασ᾽, ὦ δύστηνε· δακρύων δ᾽ ἅλις.

ΗΡ. Οὐκ ἂν δυναίμην· ἄρθρα γὰρ πέπηγέ μου.   1395

ΘΗ. Καὶ τοὺς σθένοντας γὰρ καθαιροῦσιν τύχαι.

ΗΡ. Φεῦ·
αὐτοῦ γενοίμην πέτρος ἀμνήμων κακῶν.

ΘΗ. Παῦσαι· δίδου δὲ χεῖρ᾽ ὑπηρέτῃ φίλῳ.

ΗΡ. Ἀλλ᾽ αἷμα μὴ σοῖς ἐξομόρξωμαι πέπλοις.

ΘΗ. Ἔκμασσε, φείδου μηδέν· οὐκ ἀναίνομαι.   1400

ΗΡ. Παίδων στερηθεὶς παῖδ᾽ ὅπως ἔχω σ᾽ ἐμόν.

ΘΗ. Δίδου δέρῃ σὴν χεῖρ᾽, ὁδηγήσω δ᾽ ἐγώ.

---

129. Voir le vers 615 et la note 65. Mener à sa fin son ultime
« travail » et amener Cerbère à Eurysthée, c'est symboliquement revenir en arrière et retrouver le monde d'en bas. Ce pourrait être aussi,
dans une sorte de reprise inversée de la scène de folie, tuer les enfants
d'Eurysthée qu'Héraclès avait cru tuer quand il tuait ses propres
enfants (voir les vers 970 et suivants). Ainsi s'explique la demande
qu'il fait à Thésée.

J'ai peur que le chagrin pour mes enfants ne cause un
[malheur si je suis seul [129].
Terre de Cadmos et vous tous gens de Thèbes,
Rasez vos têtes, prenez ensemble le deuil, allez ensevelir   1390
Mes enfants et tous, dans un discours unique, pleurez
Les morts et moi-même : tous, nous avons péri
Frappés par un unique destin de peines : Héra [130].

THÉSÉE

Lève-toi, malheureux ; assez de larmes !

HÉRACLÈS

Je ne pourrais pas ; mes articulations sont prises.   1395

THÉSÉE

Même des forts le malheur vient à bout.

HÉRACLÈS

Hélas !
Là maintenant je voudrais devenir une pierre sans
[mémoire des malheurs.

THÉSÉE

Arrête. Donne ta main à ton serviteur.

HÉRACLÈS

Non, je risque de nettoyer le sang sur tes vêtements.

THÉSÉE

Essuie-le, ne t'en empêche pas. J'accepte.   1400

HÉRACLÈS

Privé de mes enfants, c'est toi que j'ai comme enfant.

THÉSÉE

Mets ton bras à mon cou, je vais te conduire.

---

130. Voir la note 127. Héraclès se compte ici parmi les morts.

ΗΡ. Ζεῦγός γε φίλιον· ἅτερος δὲ δυστυχής.
     Ὦ πρέσβυ, τοιόνδ᾽ ἄνδρα χρὴ κτᾶσθαι φίλον.

ΑΜ. Ἡ γὰρ τεκοῦσα τόνδε πατρὶς εὔτεκνος.   1405

ΗΡ. Θησεῦ, πάλιν με στρέψον, ὡς ἴδω τέκνα.

ΘΗ. Ὡς δὴ τί ; φίλτρον τοῦτ᾽ ἔχων ῥάων ἔσῃ ;

ΗΡ. Ποθῶ· πατρός γε στέρνα προσθέσθαι θέλω.

ΑΜ. Ἰδοὺ τάδ᾽, ὦ παῖ· τἀμὰ γὰρ σπεύδεις φίλα.

ΘΗ. Οὕτω πόνων σῶν οὐκέτι μνήμην ἔχεις ;   1410

ΗΡ. Ἅπαντ᾽ ἐλάσσω κεῖνα τῶνδ᾽ ἔτλην κακά.

ΘΗ. Εἴ σ᾽ ὄψεταί τις θῆλυν ὄντ᾽, οὐκ αἰνέσει.

ΗΡ. Ζῶ σοὶ ταπεινός ; ἄλλα προσθεῖναι δοκῶ.

ΘΗ. Ἄγαν γ᾽· ὁ κλεινὸς Ἡρακλῆς ποῦ κεῖνος ὤν ;

HÉRACLÈS

Un vrai attelage d'amis ; mais l'un des deux est lamentable.
Vieillard, c'est un homme comme ça qu'il faut avoir
[pour ami.

AMPHITRYON

La terre qui l'a engendré est heureuse dans ses enfants.   1405

HÉRACLÈS

Thésée, laisse-moi me retourner, que je voie mes enfants.

THÉSÉE

Pourquoi ? Si tu cèdes à cet attrait, est-ce que tu iras mieux ?

HÉRACLÈS

Quelle déchirure ! Je veux du moins me serrer contre la
[poitrine de mon père.

AMPHITRYON

Voici, mon enfant. Tu préviens mon désir.

THÉSÉE

À ce point, tu as perdu le souvenir de tes travaux ?   1410

HÉRACLÈS

Toutes ces souffrances que j'ai endurées, c'était moins que
[celles-ci.

THÉSÉE

Si l'on te voit être une femme, on ne te louera pas.

HÉRACLÈS

Je vis, selon toi, en m'abaissant ? J'ajoute à mon malheur,
[semble-t-il.

THÉSÉE

Trop. L'Héraclès fameux, où est-il celui-là ?

ΗΡ. Σὺ ποῖος ἦσθα νέρθεν ἐν κακοῖσιν ὤν ; 　　1415

ΘΗ. Ὡς ἐς τὸ λῆμα παντὸς ἦν ἥσσων ἀνήρ.

ΗΡ. Πῶς οὖν ἔμ' εἶπας ὅτι συνέσταλμαι κακοῖς ;

ΘΗ. Πρόβαινε.

ΗΡ. 　　　　　　Χαῖρ', ὦ πρέσβυ.

ΑΜ. 　　　　　　　　　　Καὶ σύ μοι, τέκνον.

ΗΡ. Θάφθ' ὥσπερ εἶπον παῖδας.

ΑΜ. 　　　　　　　　　Ἐμὲ δὲ τίς, τέκνον ;

ΗΡ. Ἐγώ.

ΑΜ. 　　　Πότ' ἐλθών ;

ΗΡ. 　　　　　　　Ἡνίκ' ἂν θάψῃς τέκνα, 　　1420

HÉRACLÈS

Et toi, tu étais comment sous la terre quand tu étais   1415
[dans le malheur ?

THÉSÉE

J'étais pour la volonté inférieur à n'importe qui.

HÉRACLÈS

Comment alors peux-tu me dire diminué par le malheur ?

THÉSÉE

Avançons.

HÉRACLÈS

Adieu, vieillard.

AMPHITRYON

Adieu, mon enfant.

HÉRACLÈS

Ensevelis, comme je t'ai dit, mes enfants.

AMPHITRYON

Et moi, mon
[enfant, qui ?

HÉRACLÈS

Moi.

AMPHITRYON

Tu viendras quand ?

HÉRACLÈS

Quand tu auras enseveli mes   1420
[enfants…

ΑΜ.   Πῶς;

ΗΡ.   εἰς Ἀθήνας πέμψομαι Θηβῶν ἄπο.
Ἀλλ᾽ ἐσκόμιζε τέκνα δυσκόμιστα γῇ·
ἡμεῖς δ᾽ ἀναλώσαντες αἰσχύναις δόμον,
Θησεῖ πανώλεις ἑψόμεσθ᾽ ἐφολκίδες.
Ὅστις δὲ πλοῦτον ἢ σθένος μᾶλλον φίλων   1425
ἀγαθῶν πεπᾶσθαι βούλεται, κακῶς φρονεῖ.

ΧΟ.   Στείχομεν οἰκτροὶ καὶ πολύκλαυτοι,
τὰ μέγιστα φίλων ὀλέσαντες.

AMPHITRYON
   Oui ?

HÉRACLÈS
   ...De Thèbes, je te ferai venir à Athènes.
   Porte en terre mes enfants, fardeau dur à porter.
   Nous, ayant ruiné notre maison par notre déshonneur,
   À la remorque de Thésée nous irons, barque totalement
                                    [détruite [131].
   Tout homme qui veut la richesse ou la force, pour se les   1425
                                    [assimiler, plutôt que
   Des amis fidèles, est fou.

LE CHŒUR
   Nous partons avec nos plaintes et nos larmes :
   La grandeur de nos amis, nous l'avons perdue [132].

---

131. L'image nautique des vers 631 et suivants, où les enfants,
vivants mais habillés de vêtements de deuil s'accrochaient à leur père,
est reprise ici : Héraclès, vivant mais « détruit », s'accroche à Thésée ;
une même image en écho pour symboliser le passage de la joie au
désastre.
132. Ces vers du chœur, silencieux depuis la scène du réveil
d'Héraclès, sont prononcés sur un rythme de marche.

BIBLIOGRAPHIE

Éditions de la pièce

G. Hermann, *Euripides Herakles*, Leipzig, 1810.

F. A. Paley, *Euripides, Hercules*, Londres, 1874.

A. J. E. Pflugk et N. Wecklein, *Euripidis, Hercules*, texte et commentaire, Leipzig, 1877.

N. Wecklein, *Euripidis Hercules*, Leipzig, 1899.

U. von Willamowitz-Moellendorff, *Euripides, Herakles,* vol.1 (introduction, texte, traduction) et vol. 2 (commentaire), Berlin, 1889 ; 2ᵉ édition sans l'Einleitung, 1895, rééd. en trois volumes, Darmstag, 1959.

G. Murray, *Euripidis Fabulae,* II, Oxford, 1913.

Léon Parmentier et Henri Grégoire, *Euripide*, tome 3, Paris, Les Belles Lettres (Collection des Universités de France), 1923 (introduction, texte et traduction).

J. Diggle, *Euripidis Fabulae*, vol. 2, Oxford University Press, 1981 (texte).

G. W. Bond, *Euripides, Heracles*, introduction et commentaire de G. W. Bond et texte de J. Diggle, Oxford, Clarendon Press, 1988.

M. R. Halleran, *The Heracles of Euripides*, introduction, notes et essai d'interprétation, Cambridge, Ma., 1988.

Shirley A. Barlow, *Euripides, Heracles*, introduction, traduction et commentaire, Warminster, Aris & Phillips Ltd., 1996.

Maria Serena Mirto, *Euripide, Eracle*, introduction, traduction et notes, Milan, Biblioteca Universale Rizzoli, 1997.

Umberto Albini, *Euripide, Eracle*, introduction, traduction et notes Fulvio Barberis, Milan, Garzanti, 1999.

Lexicographie

J. T. Allen, G. Italie, *A Concordance to Euripides* (Berkeley, Londres, 1954 ; rééd. Groningen, 1970) ; *Supplement* par C. Collard (Groningen, 1971).

Pierre Chantraine, *Dictionnaire étymologique de la langue grecque*, Paris, Klincksieck, 1968, rééd.1990.

Mythologie

Timothy Gantz, *Mythes de la Grèce archaïque*, trad. fr., Paris, Belin, 2004.

Études

Rachel Aélion, *Euripide héritier d'Eschyle*, tome 1 et 2, Paris, Les Belles Lettres, 1983.

–, *Quelques grands mythes héroïques dans l'œuvre d'Euripide*, Paris, Les Belles Lettres, 1986.

Jacqueline Assaël, *Euripide, Philosophe et poète tragique*, Louvain/Paris/Namur/Sterling (Virg.), Peeters, 2001.

Mayotte Bollack, *Démons et dragons, dix-neuf pièces d'Euripide racontées et interprétées*, Paris, Fayard, 2017.

A. P. Burnett, *Catastrophe Survived : Euripides'Plays of Mixed Reversal*, Oxford, 1971.

Claude Calame, *Thésée et l'imaginaire athénien, Légende et Culte en Grèce antique*, Lausanne, 1990.

Édouard Delebecque, *Euripide et la guerre du Péloponnèse*, Paris, Klincksieck, 1951.

Georges Dumézil, *Heur et malheur du guerrier*, Paris, PUF, 1969.

F. M. Dunn, *Tragedy's End : Closure and Innovation in Euripidean Drama*, Oxford University Press, 1996.

P. E. Easterling, *The Cambridge Companion to Greek Tragedy*, Cambridge University Press, 1997.

Thomas M. Falkner, *The Poetics of Old Age in Greek Epic, Lyric and Tragedy*, Norman et Londres, University of Oklahoma Press, 1995.

Emma Griffiths, *Euripides' Heracles*, Duckworth Companions to Greek and Roman Tragedy, Londres, Duckworth, 2006.

G. M. A. Grube, *The Drama of Euripides*, 1re édition 1941, reprint Londres et New York, 1973.

François Jouan, *Euripide et les légendes des chants Cypriens*, Paris, Les Belles Lettres, 1966, réimpr. 2006.

BIBLIOGRAPHIE 153

Colette Jourdain-Annequin, *Héraclès aux portes du soir. Mythe et histoire*, Paris, Annales littéraires de l'Université de Besançon, n° 402, Paris, Les Belles Lettres, 1989.

Pierre Judet de La Combe, *Les tragédies grecques sont-elles tragiques ? Théâtre et théorie*, Paris, Bayard, 2010.

Diego Lanza, *Il tiranno e il suo pubblico*, Turin, Einaudi, 1977.

Nicole Loraux, *Les Expériences de Tirésias, le féminin et l'homme grec*, Paris, Gallimard, 1989.

–, *Façons tragiques de tuer une femme*, Paris, Hachette, « Textes du XXe siècle », 1985.

A. Michelini, *Euripides and the Tragic Tradition*, Madison, Wisconsin, 1987.

Friedrich Nietzsche, *La Naissance de la tragédie ou Hellénité et Pessimisme* (1872, 1886), trad. fr. par Philippe Lacoue-Labarthe, dans *Œuvres*, tome 1, sous la dir. de Marc de Launay, Paris, Gallimard, « Bibliothèque de la Pléiade », 2000.

Thalia Papadopoulou, *Heracles and Euripidean Tragedy*, Cambridge University Press, 2005.

Jackie Pigeaud, *La Maladie de l'âme*, Paris, Les Belles Lettres, 1981.

Pietro Pucci, *Euripides's Revolution Under Cover*, Ithaca et Londres, Cornell University Press, 2016.

André Rivier, *Essai sur le tragique d'Euripide*, Lausanne, 1944 (seconde édition entièrement revue), Paris, de Boccard, 1975.

Jean Starobinski, *Trois fureurs*, Paris, Gallimard, 1974.

Clémence Ramnoux, *La Nuit et les Enfants de la Nuit*, Paris, Flammarion, 1986.

André Tuilier, *Recherches critiques sur la tradition du texte d'Euripide*, Paris, Klincksieck, 1968.

Francis Vian, *Les Origines de Thèbes. Cadmos et les Spartes*, Paris, Klincksieck, 1963.

Jean-Pierre Vernant, *La Mort dans les yeux*, Paris, Hachette, « Textes du XXe siècle », 1985.

Froma I. Zeitlin, « Thebes : Theater of Self and Society in Athenian Drama », in John J. Winckler, Froma I. Zeitlin, *Nothing to do with Dionysos ? Athenian Drama in its Social Context*, Princeton University Press, 1990.

Articles

A.W. H. Adkins, « Basic Greek Values in Euripides' *Hecuba* and *Hercules Furens* », *CQ* 16, 1966, p. 193-219.

S. A. Barlow, « Sophocles' *Ajax* and Euripides' *Heracles* », *Ramus* 10, 1981, p. 112-128.

Jean Bollack, « Vie et Mort, Malheurs absolus », *Revue de Philologie*, 48, 1974, p. 46-53.

–, *X 2603*, in *Au jour le jour*, Paris, PUF, 2013.

H. H. O. Chalk, « *Arete* and *Bia* in Euripides' *Herakles* », *JHS* 82, 1962, p 7-18.

D. J. Conacher, « Theme, Plot, and Technique in the *Heracles of Euripides* », *The Phoenix, the Journal of the Classical Association of Canada*, Toronto, 1955.

Marcel Detienne et Jesper Svenbro, « Les loups au festin ou la Cité impossible », in Marcel Detienne et Jean-Pierre Vernant, *La Cuisine du sacrifice en pays grec*, Paris, Gallimard, 1979, p. 217-237.

E. R. Dodds, « Euripides, the Irrationalist », *CR* 43, 1929, p. 97-104.

Jacqueline Duchemin, « Le personnage de Lyssa dans l'*Héraclès Furieux* d'Euripide », *REG* 80, 1967, p.130-139.

Louis Gernet, « Dolon le loup », *Annuaire de l'Institut de Philologie et d'Histoire orientales et slaves*, tome IV, Bruxelles, 1936 (Mélanges Franz Cumont), p.189-208.

A. Henrichs, « "Why Should I dance ? " Choral Self-referentiallity in Greek Tragedy », *Arion* 3, 1995, p. 56-111.

François Jouan, « Le *Prométhée* d'Eschyle et l'*Héraclès* d'Euripide », *REA* 72, 1970, p. 317-331.

Jacques Jouanna, « Médecine hippocratique et tragédie grecque », *Cahiers du GITA* 3, 1987, p. 109-131.

Pierre Judet de La Combe, « Événement et Critique dans la tragédie grecque, quelques repères », *Lalies*, 1984, p.195-229.

–, « Le mythe comme violence dans la tragédie grecque », dans Ἀλλ' εὖ μοι κατάλεξον. *« Mais raconte-moi en détail… »*, *Odyssée*, III, 97, Mélanges de philosophie et de philologie offerts à Lambros Couloubaritsis, dir. M. Broze *et al.*, Paris-Bruxelles, Ousia-Vrin, 2008, p. 195-208.

J. C. Kamerbeek, « Unity and Meaning of Euripides' *Heracles* », *Mnemosyne* 1966, p. 1-16.

Pierre Pachet, « Le Bâtard monstrueux », *Poétique* 12, 1972.

Didier Pralon, « En Grèce : Éclatements et permanences. Réflexions sur la religion et l'idéologie des Hellènes à la lumière de Georges Dumézil », dactylogramme, 1980.

–, « Les Travaux d'Héraclès (Euripide, *Héraclès Furieux*, 348-441) », Colloque international de Montpellier, 11-14 avril 1991, « L'Initiation », A. Moreau et J.-C. Turpin éd., Montpellier, 1992, II p. 5-17.

Jacqueline de Romilly, « Le refus du suicide dans l'*Héraclès* d'Euripide », *Archaiognosia* 1, 1979, p. 1-10.

Renate Schlesier, « Héraclès et la critique des dieux chez Euripide », *ASNP* 15, 1985, p. 7-40.

TABLE DES MATIÈRES

Mise en pages
Pixellence (59100 Roubaix)

Ce volume
le cent vingtième
de la collection « Classiques en poche »,
publié aux Éditions Les Belles Lettres,
a été achevé d'imprimer
en septembre 2018
par La Manufacture imprimeur
52202 Langres Cedex, France

N° d'éditeur : 9078
N° d'imprimeur : 181088
Dépôt légal : octobre 2018